U0941647

大夏书系·全国中小学班主任培训用书

一辈子只做班主任

张万祥 著

华东师范大学出版社
ECNUP
全国百佳图书出版单位

心无旁骛，一心一意，我用一生诠释了“只做班主任”的酸甜苦辣，热切希望更多青年才俊牢固树立“一辈子只做班主任”的信念，砥砺前行。

目录

序言

一个人一辈子只从事一项工作，而且是心甘情愿、全心全意、不遗余力，必定会有许多感悟，有巨大的收获，这应该是一件幸福、快乐的事情。而在这个过程中，必定会遇到种种挫折、考验，经历许多幸福或者悲伤的故事。

一个人一辈子只从事一项工作，也是一件很了不起的事情。

我一辈子当教师，一辈子做班主任，而且早早立下了一辈子只做班主任的誓言。大学毕业分配到农村教书，我做教师、当班主任；调回城市，还是做教师、当班主任。我没有任何荣誉时，做班主任；获得特级教师称号后，依然做班主任，即使获得国务院特殊津贴专家的殊荣，我依然在做班主任。在岗时，我是班主任；退休后，与全国青年班主任做朋友，和他们一起继续研究班级工作，我依然日思夜想着班主任工作。著书立说，是班主任工作范畴的；购买收藏的四五千册书绝大多数是与班主任工作相关的，订购的近十种报刊也是有关班主任研究的；2004年开始网上收徒弟，对象是班主任；在微信上建立的52人群成员中绝大多数是班主任，群名就是“张万祥师徒班主任工作研究群”……可以说，我这一辈子只从事了一项工作——做班主任。

这项工作让我把全部精力用在如何教书育人上。心无旁骛，专心致志，天天月月年年思考、实践着如何创新做好班主任工作。一门心思只想着班主任工作，没有这山望着那山高的患得患失。这项工作让我的心沉静安静，淡泊名利，心甘情愿做精神贵族。

这项工作有利于修身养性。教师是人类灵魂的工程师，应该做道德崇高、学识丰富、知识渊博的"大家"。而班主任，应上承中华民族五千年传统美德，下扬社会主义精神文明，倾一腔热血为中华培育人才，尽一生精力为民族培养栋梁，乐于奉献，宠辱不惊，虚怀若谷，永远挺直身子做人。优秀的班主任没有庸俗、没有卑劣，坦荡出磊落，肝胆照日月，永远熔铸道德的丰碑。

这项工作让我体会到班主任的价值。班主任对学生的心理了如指掌，能够想学生所想，想学生所疑，想学生所难，想学生所乐，以高度娴熟的教育技巧和机智，灵活自如地促使青少年的生命之树茁壮健康地成长。做班主任让我永葆爱心，用大爱温暖孩子的心灵；坚持勤奋，挺起生命的脊梁；坚持科研，提升自己的理性；坚持读书，滋润自己的生命；坚持创新，提高教育魅力；保有激情，让教育焕发青春的色彩；坚持学习，让教育生命更加精彩；甘于寂寞，让教育生命愈加厚重；坚持奉献，在"给予"中体会人生的真味；坚持进取，让教育生命不断攀上高峰……

这项工作让我认识到青少年的心灵世界是丰富多彩的，班主任工作也是丰富多彩的。同时，班主任工作也充满了艰辛，苦辣酸甜咸，各种滋味尽在其中。然而，它又是一项充满创造色彩的工作……

一辈子只做班主任，其乐无穷。班主任事业可以让人保持青春，因为我们天天陪伴的是“早晨六七点的太阳”，是青春蓬勃的青少年，是充满活力的未来接班人，手捧玫瑰，留有余香。

一辈子只做班主任是一件功德无量的事情。班主任注定一辈子平凡、默默无闻、为人作嫁衣，但我们关注的是一个个鲜活的生命，是青少年的心灵，是宇宙万物中最神圣、最神秘、最具活力的对象。在青少年的心田播下真善美的种子，班主任的劳动成就了学生，“使自卑的心灵自信起来，使懦弱的体魄强壮起来，使狭隘的心胸开阔起来，使迷茫的眼睛明亮起来，他让愚昧走向智慧，让弱小走向强大”……对一位班主任来说，一个学生仅占你学生数量的几十分之一，几百分之一，甚至是几千分之一；而对一个家庭而言，却是百分之百。我们的一个微笑，一句轻语，一次抚摩，带给学生的很可能就是一生的希望，带给家庭几代人的很可能就是无限的温馨和快乐。

我现在经常想，如果当初自己在文艺或在体育上有一技之长，如弹得一手好琴，写得一手好毛笔字，下得一手好棋，画得一手好画；在绿茵场上能够纵横驰骋，在篮球场上叱咤风云，在乒乓赛场上大板抽杀……一定会赢得更多青少年学生的青睐，可以更好地亲近他们，多少班主任工作难题就会迎刃而解，自己的班主任工作也许会谱写出更美的诗篇。一辈子只做班主任的身体力行让我深刻地认识到班主任工作包含无尽的学问和技艺，我们穷其一生也不可能做到百分之百，而事实证明班主任工作值得我们发挥一生的聪明才智去做，值得我们倾尽全力去做。

这项工作让我明白了一个道理：做班主任绝不屈才，将来青少年一定会是各个方面的人才，而班主任在“激励、唤醒、鼓舞”（德国教育家第斯多惠语）他们。班主任托起中华民族的太阳，托起千万个家庭的幸福，影响众多孩子的发展，所以多高的学历，多深的学问，多高的造诣，多大的本事，多渊博的知识，多广泛的爱好，多出众的特长在班主任工作舞台上都有用武之地，都可以充分施展。在奋斗中展示才华，在追求中创造辉煌。

做班主任可以实现一位教师的最大生命价值，即使退休了还有做不完的事情，写不完的文章，总结不完的经验教训，不会感到寂寞、空虚，还可以与青年班主任交流，不会感到“廉颇老矣”，不会产生无所事事的失落感。

一辈子只做班主任真好！

让我们树立一辈子只做班主任这个信念，这种追求！

张万祥

矢志不渝只做班主任

从我认定教育工作，特别是认定班主任工作是一项值得奋斗一生的事业以后，我就下定决心要心无旁骛、一心一意地只做班主任。

在教书育人的岗位上，一年又一年，我越来越感受到班主任岗位的重要性。我认为，培养一个学生，关系到一个家庭、一个学生的健康成长，会给这个家庭带来幸福和快乐。不管学生未来怎样，重要的是他在班主任的教育、引领下，心理健康，身体健壮，热爱生活，热爱大自然，成长为品德高尚的人。他也许只是一个普普通通的人，但是不卑不亢，凭自己的辛勤劳动赢得世人的尊重，为社会作出贡献。班主任可以帮助一届一届的学生挖掘自身生命的潜能，发挥生命的价值。

做班主任，意义非凡。一辈子做班主任，无限荣光。

1962 年我考上五年制大学，因为“文化大革命”，延迟到 1970 年 3 月份才走上教育工作岗位。2003 年 4 月份退休，我在教育岗位上工作了一辈子。在岗时，担任班主任工作长达 26 年，退休后，我承担起培养青年班主任的工作，直至今天依然在兴致勃勃地辅导、帮助青年班主任，我从班主任岗位上还没有退休，认为自己依然是班主任。我下定决心：呼吸一天，就不和班主任工作离心离德。我的生命是属于班主任事业的。

一、一辈子只做班主任，经历了分心—定心—静心—恒心的磨砺

分心。一开始走上教育岗位，我不是心甘情愿的。原因之一是，在解放前夕，我的父亲稀里糊涂集体加入了国民党，因为他是火车站站长，便被任命为区分部委员，解放后顺理成章成了“历史反革命”。这就成了我的致命伤。在“极左”路线统治下，这对于做教师来说可是危险的雷区呀。像我这样的“先天不足者”走上教育岗位真是战战兢兢，如履薄冰。而且班主任工作量大，只有责任，没有报酬。多年来，班主任工作都是无偿奉献。在这样的情况下，做班主任的自然就不会全心全意工作，只想着哪一天跳槽。我分心的另一个原因是，自己从上中学就喜欢文学，立下的志愿也是当作家，哪怕是当编辑，当记者也行。考上五年制大学，我上的是中文系，而且成为系主任内定的重点培养对象，身不由己走上教育岗位后，还经常写一些文学性文章，有时一年发表十几篇，幻想有一天脱离教育界。可以说，当时自己对班主任工作是三心二意的。

定心。世上有许多事情是不以个人的意志为转移的。我想当作家、当编辑、当记者只能是一厢情愿、空中楼阁，犹如一个个色彩绚丽的肥皂泡，最终都破灭了。而且随着时间的推移，与学生的接触越来越深入，我对班主任工作的认识从功利化中走了出来，看到了班主任工作的巨大意义，于是定下心来当班主任。定心其实就是要看清世事，排除物欲的诱惑，横下心，坚定不移地走在班主任工作的路上。我曾看到以下这样一个故事，它给了我很大的启示，促使我定下心来。

古镇的老街上有一间铁匠铺，铺里住着一位老铁匠。由于没人再需要订制铁器，他的铺里改卖铁锅、斧头和拴小狗的链子。人坐在门内，货物摆在门外，不吆喝，不还价，晚上也不收摊。生意也没有好坏之说，每天的收入正好够他吃饭和喝茶。当你经过老铁匠的门口，总会看到他在竹椅上乐呵呵地躺着，手里是一部收音机，身旁的小木桌上放着一把紫砂壶。一天，一位文物商人从老街上经过，偶然看到老铁匠身旁的那把紫砂壶，仔细鉴玩之下，认定此乃清代一位名家亲手所制。

商人惊喜不已，欲以10万元的价格买下它。老铁匠先是一惊，后又拒绝了，因为这把壶是他爷爷留下的，他们祖孙三代打铁时都喝这把壶里的水，他们的汗也都来自这把壶。

壶虽没卖，但商人走后，老铁匠有生以来第一次失眠了。这把壶他用了近60年，并且一直以为是把普普通通的壶，现在竟有人要以10万元的价钱买下它。过去他躺在椅子上喝水，都是闭着眼睛把壶放在小桌上，现在只要听到响声，他就要坐起来看壶是否还安在。这让他很不舒服。更难以容忍的是，当镇上的人知道他有一把昂贵的古董茶壶后，纷纷上门索问还有没有其他的宝贝，有的甚至开始向他借钱，更有甚者悄悄潜入门来“寻宝”。老铁匠的生活被彻底打乱了。

当那位文物商人带着20万元现金，第二次登门的时候，老铁匠再也坐不住了。他招来一众邻居，拿起铁锤，当着众人的面把那把紫砂壶砸了个粉碎。

接下来，日子渐渐恢复平静，老铁匠依旧在卖铁锅、斧头和拴小狗的链子。每天躺在竹椅上，听着收音机，用搪瓷杯喝着茶水。据说他活过了一百岁。

对于这个故事，最惊心动魄处，莫过于老铁匠举起铁锤的那一砸，随后洒落一地的，不只是一堆碎片，也不只是一沓钞票，还有无尽的欲望、贪婪和痴迷。所谓知足者常乐，某些时候，能守住平静方能守住快乐，只有定下心来，才能享受到班主任事业的快乐与幸福。

静心。在这个无比浮躁、物欲横流的社会，要做无职无权、费心费力的班主任，需要静心。不思声色，不思豪华，不思得失，不思荣辱，不思权势，不思享受，真正做到岿然不动其心。一个人需要修行，特别是做青少年思想工作的班主任更要修行。要静下心来做教育。人们往往认为一个教师进步了、事业成功了、领导青睐了，就会被提拔为学校的主任、校长或教育局的领导。我当时冷静地进行了思考，认真地分析了自身的优势劣势。我清醒地认识到自己不具备担任领导的素养，而且分析出了在高手如林的语文教学领域，自己也很难一枝独秀，出类拔萃，做出突出的成绩，而自己的优势是具有坚韧不拔的毅力，善于思考的能力，热爱班主任工作的热情，所以我想在做好语文教学的前提下，分一部分精力用于研究班主任工作。我开始不满足于班主任的一般性工作，逐步在创新上下功夫，艺术性地开展班主任工作。人一旦在一件事上静下心来，就会产生无限的智慧。结果我带的 1989 届班级获得天津市优秀班集体的荣誉，更获得团中央、科技部的表彰。

恒心。经历了种种风雨，经受了各种磨难的考验，我终于认定班主任工作是我终生的事业，是最适合我的工作，于是定下心来，一辈子做班主任。山摇地动，我做一辈子班主任的决心不动摇。我以自己的行动兑现了我的人生诺言。

二、逆境，顺境，坚守班主任岗位

逆境中的坚守。1971 年 9 月，为了和爱人团聚，我从河北省黄骅县（后来改为黄骅市）李村中学调到河北省馆陶县房寨中学，我对房寨中学的领导提出的唯一要求是当班主任。当时班主任是没有一分一毫的补助的。奇怪的是，这个要求很久没有得到答复。我在房寨中学党支部有一位天津老乡，有一天他悄悄问我："你父亲是'历史反革命'？"我说："这在档案里都有记录的。"他告诉我，党支部争论得很厉害，不放心让我带贫下中农子弟。我如五雷轰顶，我父亲是"历史反革命"，我就没有资格当班主任了？我要当班主任有错吗？今后应该往哪里走？我还有出头之日吗？我以后怎么直起腰板当教师？好在最后领导对我网开一面，同意我担任班主任。这次打击没有撼动我坚持当班主任的初心。以后，我兴致勃勃地和农村孩子们打成一片，时至今日，上世纪七十年代教授的农村孩子们，有一些还和我有联系，我也经常与他们在微信上聊天，我们相谈甚欢，亲密无间。他们感谢当年我对他们的培养，特别是心灵的引导。我则为他们过去 40 余年没有忘记我而感到欣慰。

从 1999 年患上哮喘病后，我每年都会因为此病住院治疗两三次，再加上后来发现的糖尿病，可谓病魔缠身。严重的一次是2003年1月的一天凌晨，我呼吸窒息，因学医的儿子的及时抢救，在可贵的两分钟内，才把我从死神手中抢救回来。2010年5月我突发肺大泡，后来由医术高超的天津胸科医院孙大强博士亲自开刀，经历长达5个小时的开胸大手术后，我再次从死亡线上挣脱。……身体的每况愈下，让我的生命处于逆境之中。但是，我每次从病房出来，都又会重操旧业，兴致勃勃地开始我的写作以及培养青年班主任的工作。有时，即使是住院，我也会在病榻上与青年班主任交流，指导他们写作。为此我住院都会绝对保密，不透露一点儿风声给徒弟们，怕耽误他们的时间，让他们分心。他们在网上、在师徒群里，依然天天可以看到我的身影。

1983年我们全家回迁到天津市滨海新区大港，1985年我到大港一中任教，我全心全意教书育人，工作开始风生水起，有声有色。我教的1989届学生取得辉煌成绩，全班高考成绩居全市所有学校大排行第三名，四科荣登全市榜首，而且我还在《天津教育》等报刊上发表了几篇文章。这引起了某人的不满，在一次语文组教研会上，她含沙射影、大放厥词，不指名地斥责："有的人发表文章又怎么样？竟然觍着脸署学校的大名，真是恬不知耻。……"不言自明，她的矛头指向的是我。我一向与人为善，从来没有和别人闹过别扭和矛盾，她为什么对我这样剑拔弩张？我在报刊上发表文章有错吗？我全心全意工作何罪之有？我把班级带成市级优秀班集体有错吗？……稍微冷静下来一想，她不仅是对我竭尽讽刺挖苦之能事，谁干出一些成绩谁就是她的敌人，谁超越她谁就是她的死对头。她这样做已经不是第一次了，于是有的人经受不住她的打击，偃旗息鼓，放慢脚步。后来又发生了一件非常奇怪的事情：我带的班级荣获团中央和科技部的联合表彰，获得一张奖状，我如获至宝，这也是学校获得的唯一一张这样高规格的奖状。容不得我上交给校方，因一次办公室调整，我的办公桌莫名其妙被人搬到楼道里，一些书丢了，而且那张奖状也不翼而飞。不用多想，就是有人看着不舒服，暗中丢掉以发泄不满……面临着“黑云压城城欲摧”的形势，当时我也想干脆自己也躺倒不干，推掉班主任工作，停下脚步。但是我想起一句话：“自古雄才多磨难，从来纨绔少伟男。”与人不相上下，最容易遭到嫉妒；如果远远超过一般人，赢得的就是敬佩。于是我化愤怒为力量，化生气为争气，更加勤奋、努力，我的文章不仅在天津的教育报刊上发表，而且在大江南北的教育报刊上频频发表，后来这股邪风不知不觉就销声匿迹了。而我一辈子只做班主任的决心更坚定了！

顺境中的挑战。在压力下，人往往有斗志，会激发出强大的反作用力。相反，在顺境中，到处都是赞美声，人的意志常常会变得脆弱，斗志也会被削弱。经过几年的奋斗，我获得了一些荣誉，赢得了社会声誉，处于人生的顺境，这时的考验更有挑战性。1994 年，按照论资排辈评定教师职称的潜规则，我被评为中学高级教师，第二年经过激烈竞争和严格考核，我被评为特级教师，当时特级教师在全市不到一百人，我是全区首批特级教师。我被区领导指定为区政协常委，后来又被选为区人大代表，跨界成为人大代表、政协委员。这种跨界，只有区政协主席和我两人。这是一种殊荣，也是我在政治上的辉煌时期。按照一般情况，评为特级教师后，往往就会被提拔为学校中层干部，何况我还是区人大代表、政协委员，这时我的心里也蠢蠢欲动。毕竟，成为学校中层后，会享受一些特殊待遇，如可以享受公款订阅报刊的待遇，而教师就不能享受这种待遇。在1999年被评为享受国务院特殊津贴专家后，我曾向校长申请拨一份《中国教育报》给我（因为全校订购了10份），但是校长拒绝了，告诉我说："不要搞特殊化。"如果我做了学校的中层干部，就可以顺理成章地享受用公款订购的几种报刊了，还可以享受若干特殊待遇。遭到拒绝后，我心里也是别扭。后来我想，我的志趣、事业在班主任岗位上，而不在学校主任、校长的座椅上，自己掏腰包订购报刊还是负担得起的，不能因此而改变一辈子只做班主任的初心。于是我依然坚守在班主任岗位上。哪怕退休后，我还是坚守在班主任岗位上，只不过是变成另外一种方式了。

从坚持一辈子只做班主任中，我得到了如下启示：

第一，只有坚持，才会实现教育人生的最大价值。坚持做班主任5年，不是难事；10年，也许好做到；20年，可能有些困难；30年乃至一辈子，就是一个难以逾越的鸿沟了。坚持不是说说而已，不是守着这两个字不动，而是把简单的事情重复地做，重复的事情认真地做，认真的事情努力去做，一点一滴积累，一点一点升华。

第二，任凭风吹雨打，我自岿然不动，矢志不渝，持之以恒，这需要坚持不断地锤炼精神。而一个心灵高贵的班主任，就像天空中的白云，轻捷而有灵气，即使暂时贫穷，也遮掩不了他气质上的光华。一个有高贵心灵的班主任，一定不会满足于现状、甘于平庸，他总是寻求发展，来实现自己的价值。精神高贵的班主任没有庸俗、没有卑劣，更没有铜臭味和名利场的喧嚣。他让人成为仁义之士、伟岸丈夫、坦荡君子，玉洁而冰清。他教人爱国爱民，“先天下之忧而忧，后天下之乐而乐”；他教人“老吾老以及人之老，幼吾幼以及人之幼”，推己及人；他教人“穷则独善其身，达则兼济天下”“位卑未敢忘忧国”，以天下为己任。怎样见义勇为、助人为乐，怎样孝敬父母、修身养性，怎样敬业重道、惜时如金，他一清二楚，如数家珍。精神高贵的班主任应该充满凛然正气，惊天地而泣鬼神。班主任的精神世界容不得奴颜媚骨、恃强凌弱、狗苟蝇营。班主任的精神世界有哲学家的睿智，艺术家的灵感，科学家的聪明。他素淡优雅，魅力无穷，让人心醉神迷，令人赏心悦目，需要一代代青年教育工作者不断坚持，抒写辉煌灿烂的人生。

一辈子只做班主任是我一生的坚守，一生的承诺，一生的骄傲，一生的辉煌！

走进一届届学生的心灵

我做教师，教的是语文，做班主任，既带尖子班，也带普通班，既带过农村孩子组成的班，也带过城市学生组成的班。我这一辈子都在和青少年打交道，青少年成了我生命中最靓丽的色彩。我与青少年有着千丝万缕的联系和息息相通的关系。

一、“寻师启事”牵出思绪缕缕

2004 年的 2 月令我难忘。

2003 年 9 月到 2004 年 2 月 7 日，一天一帖的“班主任工作创新艺术 100 招”在“教育在线”（朱永新教授创办，李镇西博士任总版主）已经全部发布。2 月 15 日，班主任论坛版主发出《热烈欢迎张万祥老师来班主任论坛招募学员》的帖子，短短几天内人气超过千人，报名的超过一百人。2 月 19 日、2 月 27 日，班主任论坛上一则帖子两次贴出，吸引了我的目光。帖子内容极其简单，题目是“王旭联系张万祥老师”9 个字，而她的网名——“九个太阳”也是 9 个字。9 个字像 9 朵祥云将我的思绪引向遥远的过去。

王旭是我教过的几千个学生中的一个，也是我曾担心忧心操心关心尽心的一个。她是个女孩子，却有着男孩子的性格。

她擅长摄影，喜欢绘画，爱好文学，多才多艺，我指定她任宣传委员。本来在她面前的应该是充满阳光的大道，我对她也是放心的。谁知，高一第一学期的期中考试，她数学挂了红灯，一下子就像掉进了冰窟窿，一向活泼开朗的她竟然忧心忡忡地说："生活实在太难了，活着又有什么意思？"一个花季女孩竟然说出这么沉重、悲凉的话，我的心像刀绞般疼痛。随即，我和班干部商量召开了专题班会。针对同学们的心理障碍，我在黑板上书写了这样几句话——自信而决不自傲，自重而决不自馁，自强而决不自卑，自尊而决不自弃。我对同学们讲："成才之路决不会始终莺歌燕舞，阳光普照，花香袭人，凯歌高奏。相反，征途上总会布满种种十分严峻的障碍、荆棘、考验。懦夫、懒汉望而却步，自暴自弃者急流勇退，意志薄弱者半途而废。真正的勇士会笑对挫折，百折不挠，勇往直前……"我连夜给她写信，对她讲："雨果说'应该相信，自己是生活的强者'，贝多芬说'我要扼住命运的喉咙，它决不能使我屈服！'……无论过去、现在，抑或是将来，老师都相信你是自强不息的强者，百折不挠的弄潮儿，富有才华的青年。你有抱负、有热情、有毅力、有才华，你会让自己的青春闪耀光辉。不要气馁，不要灰心，更不要自暴自弃。要紧紧盯住远方的目标，迈开坚定的步伐，即使有再大的狂风暴雨，也要无比地坚定，满怀信心，勇往直前！现在，将来，我都会热切地盼望着你的捷报，聆听你那雄浑的生命交响曲。"听说，她看了我的信后，哭了一宿。后来，她又重拾开朗乐观，也变得坚强了。在一篇题为"自卑与自馁"的文章里，她豪迈地说："让我们丢掉自卑与自馁的包袱，抬起头，轻装前进吧！充满自信，把生活中的每一缕阳光都采撷进胸膛，去追求人生的第二个太阳！”后来，她以优异的成绩考上了大连理工大学。上大学期间她表现出卓越的才华，她的绘图多次获奖，还是学校文艺活动积极分子。我放心了。我在心里时时祝福她。再后来，她以优异的成绩大学毕业后，独自到北京闯荡，进了中国石化总公司。时光的河流总是淌着湍急的旋涡，因为彼此都忙，也就失去了联系。

1999年教师节，我收到了她的贺卡，上面写得满满当当，她说："张老师，自1989年毕业至今已整整10年。值此世纪末最后一个教师节到来之际，作为一名学生，特此寄去我的问候与祝福。祝您身体健康，永远年轻。……我参加工作也已6载，在教过无数学生的老师面前虽无资格感慨时光飞逝，但如海师恩却总难忘怀。我虽无惊人之业绩，只是每有进步，我必感谢您。……我非常感激您在我倍感压力的高中时代给我的帮助和支持，尤其是对我的心理素质和能力的培养，使我受益匪浅，使我有机会发挥出别人为追求分数而牺牲掉的东西，真心地感谢您。”要知道，毕业10年了，她还牢牢地记着老师，还怀着感恩之心回忆我当年的教诲，我的眼睛湿润了，这是幸福的泪。我将这贺卡珍藏了起来。

2004年，她毕业已经15年，仍然牢牢地记着老师。一股暖流流淌在心间，一行热泪流淌在脸颊。

做教师，当班主任，每个学生都牵动着我的心，每个孩子都是鲜活的生命，而每个生命都有着不同的性格。有的开朗，无忧无虑；有的内向，多愁善感；有的脆弱，易受伤害。班主任要生就一双慧眼，心细如发，在他们忧伤的时候，给予快乐；

在他们无助的时候，给予支持；在他们失意的时候，给予慰藉；在他们自卑的时候，给予鼓励……教书育人是辛苦的，塑造美好心灵是艰巨的，生活又往往是繁忙、清贫的。但是，学生会为你带来无限的欣慰。当我看到王旭毕业10年后的贺卡，毕业15年后在网上发出的“寻师启事”，听到学生的一个个喜讯，当工作后学生前来咨询自己的婚姻大事时，往日与他们接触时的烦恼劳累统统抛于脑后，就是现在的苦闷劳顿，也会烟消云散。我们也许不曾在意，一个浅浅的微笑，一次轻轻的抚摩，一句暖暖的问候会给一个孤独的心灵巨大安慰；我们也许没有想过，会有那么多人在人生征途上牢记着你教给他们的人生道理……我们怎能不为教育而感动，又怎能不为培养学生而感到幸福?

啊，做教师真好，做班主任真好!

至今，我依然保留着她在1987年6月1日写的文章。

我希望像他那样
——写给人民教师

王　旭

我希望，希望像他那样。我希望像他那样拥有一颗睿智的头脑，拥有一颗永不衰老的心，拥有一个美好的世界。

因为他给我讲述了一个动听的故事，故事里有他的学生……

对于他来说，这便是他最好的作品。每一件作品都倾注着他的心血。他的学生都非常敬重他，因为他有着广博的知识，并点点滴滴地注入学生渴求知识的心田，当然，不仅是关于鲁迅、高尔基，还有美国西屋天才冠军李政道、杨振宁如何获得诺贝尔奖的。

……

他，是一个班主任。说起当班主任，他真没少操心。学校为了保证正常的教学秩序，组织各班学生在校门口值勤。很快就轮到了他的班，但是，下午最后一班岗却没有人值勤，学校领导在大会上不点名地批评了他的班。班会上，教室里静得让人窒息。他正视着他的学生，而他们却不敢抬起头来看他，他们怕见到他镜片后冷峻的目光，因为他曾不止一次地教育他的学生："做任何事，都要争取第一流。"那节班会不知沉默了多久，只记得后来他问第二天谁去执勤，他的学生都举起了手，而头仍旧低着；只记得第二天一早，他和他的学生一同出现在校门口。我不由暗自赞叹。

他恨他的学生吗？不，他说他自己也有责任。他的学生怨他吗？不，他们说他们给他丢了脸。

这就是他和他的学生，尽管他们有时说他严厉，尽管他们有时惹他生气，而他却从中感到幸福和快慰，因为他拥有一个班学生的尊重和理解的心。就凭这他一口气骑车到厂里联系旅行车，路程不近，而且中午骄阳似火，为的是他的学生能顺利去春游。他和他的学生一起上山爬坡，这就是他童心未泯的快乐，让人羡慕，又让人平添几分崇敬。

对于他来说，学生的每一点进步都慰藉着他疲惫的心；对于他来说，拥有一片师生之情便拥有一个美好的世界。

他爱他的事业，因为他爱他的学生；他爱他的学生，因为他爱他的事业。

我被他的精神感动，我希望像他那样奉献出一颗睿智的头脑，奉献出一颗永不衰老的心，创造出一个美好的世界。

当年，我是这样批阅的——

读了你的文章，我看到学生一片赤诚纯洁的心。这是对老师最高的奖赏，但更多的是惭愧。我还未尽自己的全部力量，与学生眼中的“我”还有很大的差距。同时，我也得到了极大的激励，我决心为中华民族的教育事业贡献毕生的精力；为我的学生倾注全部的心血。任重而道远，让我们师生团结起来，永远做一个赤诚的人，做一个大写的人，做一个一流的学生，做一个一流的老师。

——1987 年 6 月 2 日

2014 年 10 月，我在家庭所在地的华苑医院住院，她特地从北京来看我，当她捧着一束鲜花，站在我的面前时，我哽咽了。医护人员感慨地说：“张老师，多么幸福！”病友说：“还是当老师好，几十年前的学生还忘不了老师。”后来我把鲜花转赠给医护人员，感谢他们的精心治疗，可谓是借花献佛。

二、离别 25 年后重归“初恋”，重返故园

2008 年 12 月河北省馆陶县房寨中学举办 50 年校庆，我接

到了邀请，激动万分。2008 年 12 月初，我和爱人重返我们成为终身伴侣的初恋之地，重返我们作为教师开始和教育产生至死不渝的恋情之地。

上世纪七十年代初，我和爱人在馆陶县房寨中学团聚，1972 年 9 月 8 日儿子出生，随后到北京市远郊区的康庄姑姑那里坐月子，产假后母子又回到馆陶县房寨中学。儿子一直到 1978 年才随我们调到馆陶县城，他在那里生活了 6 年。女儿是 1976 年 4 月 5 日出生的，这次爱人索性就在房寨中学坐月子，由房寨卫生院的孙雅婷医生接生，孙大夫是河北医学院毕业的，医术高明，我们信得过。

我们的“初恋”在房寨中学，我们成家立业在房寨中学，我们生儿育女也在房寨中学。这里的“初恋”还有另外一层意思：我们对教育忠贞不贰、至死不变的恋情也萌生在这里。从这里我们踏上了追寻教育理想、实现人生价值的启程之路。

我们是 1978 年年底举家迁往馆陶县城，1983 年 7 月又举家迁往故乡——天津的，在房寨中学生活工作了 8 年，在馆陶县城生活工作了 5 年，总共在馆陶县生活工作了 13 年。这 8 年、13 年是我们的人生青春期，是最宝贵、最珍贵的时期！

即将踏上这片土地，我朝思暮想，老朋友、老同事都健在吗？我的学生生活得怎么样了？房寨中学有什么变化？我们讲课的教室还在吗？我们居住的陋室还在吗？馆陶县城是否“旧貌换新颜”了？……

我早早就把毕业合影找了出来，在房寨中学，我教了三届学生，保存了三张毕业照。我分别在照片的背面写下了名字，哪一排，哪个学生叫什么，一一写明，即使如此，30 几年过去了，岁月沧桑，大部分也都记不得了。

带着思念、疑问和祝福，我们重返“初恋”之地。从12月12日抵达房寨中学，到12月14日早晨离开馆陶县城，时间不长，却是百味杂陈、百感交集。

（一）沉浸于友情之中，暖洋洋

我们于2008年12月12日凌晨一点许抵达邯郸，孟繁俊、武登国、武法泉、贾林太等学生来接我们，孟繁俊和武法泉是现职大校，他们毕恭毕敬地向我们行军礼。他们安排我们在邯郸宾馆休息了半夜。早晨，我们一行7辆车浩浩荡荡直奔房寨中学而去。

近了，近了，终于走近了房寨中学，走进了房寨中学。学生列队举着花，敲锣打鼓地迎接我们，天气是寒冷的，但是热情扑面而来，我们心里暖洋洋的。

我们见到了老同事王明立、杨绍南、秦润寰、张兴、王玉海、杨德春、武友会、苏继平、王玉波……虽然二三十年未见，但是一见如故，心里暖洋洋的。在艰难环境中和同事们一起艰苦奋斗，建立了深厚的感情，相隔多年，我们又聚在一起回忆过去的时光，想起那时的笑话，追忆那时的校园……心里暖洋洋的。

在房寨中学生活工作的8年时间，只有儿子出生后回了趟故乡天津，除此我们年年月月朝朝夕夕都没有离开过它。过年过节，出来进去，几乎只有我们一家人。应该说分配到这里的老五届大学生，属我们与这里关系最密切！我们对这里的一草一木、一砖一瓦都是熟悉的。离开有一万个日夜了，现在这里旧貌换新颜——过去的教室不见了，过去的宿舍不见了，过去的伙房不见了，过去的水井不见了……过去的一切都烟消云散。2005年，学校投资179万建了高四层、有72间房屋、面积近2500平方米的教学楼，拉开了标准化学校建设的序幕。2007年3月，房寨中学归属县直属中学，标准化建设进程加速。2007年到2008年先后建起了学生宿舍楼、综合楼、食堂。庆典仪式后，我一个人悄悄地在校园里逛了一圈，看到三层学生宿舍楼时，我不由得想起过去的学生宿舍——那时宿舍是几排平房，每间宿舍相当于一间大教室。两排砖砌的炕，中间是过道。冬天不生火，住校生不是靠被褥抵御严寒，而是靠身体的火力。这里的农村异常贫困，大多数家庭给学生提供的只是一床薄薄的被子，甚至连一床褥子都没有。那时的冬天远比现在寒冷，滴水成冰，可以想象，那时的孩子们度过冬天是何等艰难！而现在的学生公寓、大楼，有暖气，且每个家庭都会给孩子提供充足的被褥！看到眼前的一切，心里暖洋洋的。

（二）被昔日学生簇拥，甜蜜蜜

我有一首喜欢的歌——《甜蜜蜜》，那几天，昔日的学生簇拥着我们，我们就像生活在蜜罐里。

孟繁俊1973年从房寨中学毕业，其实他是1972年年底参军的，因为我一直保留着“房寨中学高二（1）班毕业、欢送新兵入伍合影留念”的照片，显示的时间就是1972年12月13日。他参军近40年，自强不息，积极进取，刻苦奋斗，从战士到大校，从高中毕业生到获得复旦大学毕业证书，从写黑板报到参加撰写和策划出版《舒同书法集》《郭化若诗词集》《宋文中将军》等著述，还发表了大量的文章和诗词。一所普通的农村中学能举办50周年校庆，首功应当属于他。也可以说，他是当地出来的现任的最大的官，难能可贵的是他心系家乡，心系母校，不但不忘本，而且想方设法回报家乡和母校。而他是我的学生，我的心里甜蜜蜜的。

孟繁俊在单位是个不简单的人物，见到我却总是毕恭毕敬，我是接受他敬礼最多的老师。回来后，我整理照片，发现和他的合影最多。我的学生成为军队的栋梁之才，让我无比骄傲和自豪，更何况，几十年过去了，他依然记着我，甚至记得种种细节，这不仅让我感动，更让我滋生出甜蜜蜜的幸福感。

丰怀玉也是我念念不忘的学生，他是1976年毕业的。那时高中是两年，1975年和1976年，我们相处了两年。当时儿子三四岁，白天有保姆照看，夜里我和爱人自己带。遇到晚上开会，不准请假，我就找丰怀玉帮忙。丰怀玉个头小，活泼可爱，聪明伶俐，和儿子很投缘。1973到1974年，我请的是李帮民帮忙。不知为什么在毕业照中怎么也找不到丰怀玉。这次重返故地，能否见到他？我没有把握。谁知他早就知道我要来，一直在盼望着。12日下午他急匆匆赶来，没有找到我，13日上午他早早就赶来了。这时我才知道他在邯郸地税局任副局长，这出乎我的意料。在我的印象里，他活泼、单纯，甚至比同龄人要幼稚。而如今他担任这样的要职，可以想象得出他付出了多少努力。32年没有相见，他长高了，魁梧了，更加英俊了，而那双眼睛还是那么明亮。他还是那么聪明，善解人意，我没有注意便随口说自己喜欢馆陶的酱瓜咸菜，他也像随口而出，说“这有安排”。后来，他竟然让人买来八盒酱瓜咸菜。

他对昔日的班主任那么热情、真挚，让我很感动。

贾林太，特别朴实，忠厚。他有两件事情让人特别感动。第一，无论对哪位同学、哪位老师，他都真诚地说："有事给我打电话。"看来他帮助别人已经成为习惯，已经把帮助别人当作责任、乐趣。越麻烦他，打扰他，他越是高兴。第二，他现在的职务是邯郸市委老干部局局长，老干部退休了，有什么困难就要求人，由于没职没权，身份变了，于是解决困难就有些困难了。"人一走茶就凉"，是许多退休老干部共同的感慨。而在贾林太这里却完全不同，他对老干部体贴入微，关心备至，以至于有的老干部凡事都爱找"小贾"，有大事难事，更是找他。

……

在房寨中学，在馆陶，人来人往，熙熙攘攘，我们走到哪里都是前拥后呼。我感受到师生之间的真情，再次感受到当班主任的幸福。如果不当班主任，我对学生不会记忆这么深；如果不当班主任，学生也不会在30多年后，对我依然这么关心。做班主任真好！！

（三）得知学生求学的艰辛，酸溜溜

孟繁俊多次回忆在房寨中学上学时的生活，我在代表老教师发言时也痛心地提及，我们有共鸣之处。孟繁俊回忆说："那时我们吃的是红薯面窝窝头，吃玉米面窝窝头的太少了。"确实如此，每次开饭，我到伙房看到笼屉里熥的基本都是红薯面的黑色的干粮。儿子有时还要找学生用馒头换红薯窝窝头，换换口味。至于下饭的菜，其实就是自家用大盐腌的咸萝卜。一块咸菜，两个红薯窝窝头，喝碗热水，就是一顿饭。天天如此，月月如此，年年如此。他回忆说："我住校，家里只能给我一床被子，没有褥子，我就和同学合铺一床褥子过冬。宿舍不生火，到处都是冷冰冰的。冬天真的很难过。"他还回忆说："最难受的是有时连一支笔、一张纸都没有。爸爸狠狠心说，卖鸡蛋买笔买纸。其实也就是拿鸡蛋卖五六分钱，买支铅笔和几张纸。晚上学习，凑合着到妈妈做饭的灶边，锅台上点着小小的油灯，灯苗只有黄豆大。这是家里唯一的灯火。"我听着心里酸溜溜的，恨不得大哭一场才痛快。

我们从天津到这里，也是天上人间，只觉得自己已经很苦了，虽然知道农民更苦，可没有想到我的学生那时候连一支两分钱的铅笔都买不起。他们过的是什么日子啊！我的学生这么艰难地在学习啊！即使几十年过去了，那时学生吃的红薯窝窝头，住的冰冷的宿舍，还历历在目。酸溜溜，酸溜溜……唉，难回首！

（四）感觉到当年的失职，沉甸甸

在房寨中学，用短暂的时间回溯难忘的昨天，我不由得产生了沉甸甸的心情。

我为自己的失职而自责。孟繁俊和他的同学生活、学习那么困难，连一支铅笔、一张白纸都买不起，我当时如此麻木，却不知道。现在我到处讲要走进学生的心灵，可是我那时不仅没有走进学生的心灵，连他们的生活状况都一知半解。这是我的失职，我对不起学生。

想到依然生活在农村的学生，我的心里沉甸甸的。这次参加校庆的几乎是离开农村参加工作的学生，大部分事业有成。

要知道，出来参加工作的是少数，绝大多数学生还是在农村。在农村的学生们，现在的生活怎么样？家庭怎么样？子女怎么样？不得而知。房寨有巨变，馆陶有巨变，依然生活在农村的学生是否有巨变呢？恐怕还是有不少为生活所困。我心里不由得一阵阵发紧，心里更是沉甸甸的。

看到房寨中学教育依然落后，心里沉甸甸的。与30年前比，学校教学楼、综合楼、宿舍楼林立，旧貌换新颜，蔚为壮观。但是，学校的软件建设不容乐观。看不到图书室，教师读书状况堪忧，初步了解，全校几乎没有一位教师上网学习，教育观念落后，综合素质不高。就拿《房寨中学志》来说，这可是他们费了九牛二虎之力编辑出来的，却错误百出……硬件落后不可怕，软件落后却是致命的。我心里沉甸甸的。

这次重返，我许下几个心愿。

第一，再次到馆陶，到房寨中学义务讲课。我也算是全国知名的教育专家，2007年和2008年连续被教育部聘为全国培训班主任专家。我对张校长说："我有个条件，我讲课，你不能支付一分钱的报酬。这是回报。"我现在想，不仅不要报酬，而且要送给班主任书，我要武装班主任，改变他们的教育理念，提升他们的素质。如果可能，再培养一两个徒弟。我一切费用自理，不让房寨中学花一分钱。这样做，我有能力，而且心里更安定。

第二，为弥补过去的失职，我要付出一定的行动。30多年前，孟繁俊他们连一支铅笔、一张白纸都买不起，我却毫不知情，这是失职。

第三，看望几位学生。要去看望张建夫，他是残疾人，听说开了家理发馆，娶了个四川媳妇，生活还可以。看望郝广献，他是老保姆的儿子。看望闫书兴，在房寨中学的漫长岁月里，他的父亲没少给我们帮忙。找找李书安，要当面对他说一声“对不起”。

还有一个心愿是见李帮民。……

三、一次难忘的聚会

王玲是1989届学生，大学毕业后在北京市161中学工作，因为工作出色，被提拔为学校中层领导。161中学地理位置非常特殊，地址门牌为西长安街1号，与中南海毗邻，据说这所学校是清代某位王爷的府邸。我出于好奇，总想到161中学去看看，但又怕耽误王玲的工作，就一直没敢打扰她。我一向是不敢打扰别人，不敢给别人添麻烦的，包括自己的学生和子女，于是走进161中学成了深埋在我心中的一个梦想。

近几年，我的身体每况愈下，走进161中学迫在眉睫。碰巧的是，2018年5月26日北京一个亲戚有婚事，我必须参加，而第二天就是星期天。我想这不正是走进161中学的良机吗!

为了这次聚会，我早早开始准备工作。2017年10月20日，我给王玲发去了微信:“王玲好！我教了一辈子书，拥有几千个弟子，而你是我难以忘怀的弟子之一。虽然这些年我们很少相聚，但是我们心有灵犀一点通，我有这样一个想法，也是我的一个夙愿，明年春天到你们学校看看，和几个北京的老学生聚一聚，聊一聊。现在初步确定的有你，王旭，孟繁俊——我上世纪七十年代的学生，总后大校退休，品学兼优的农民子弟。焦智华——人才引进到北京工作的医学专家，也是我上世纪七十年代的农村学生。到时候，请你安排时间地点，就是喝茶聊天叙旧，中午吃方便面，不能把时间浪费在吃饭上。吃方便面，多么难忘多么浪漫。我带郭老师到北京你的学校去。现在，我为这个设想而万分激动。我企盼着这一天。”

王玲立即回应道：“好的，我来安排，您放心。怎么能让恩师及师母吃方便面呢？如果你们时间允许，到我昌平的家里住几天，那里山清水秀，只有我父母住，房子大，条件好一些。”

我随即给孟繁俊发去微信，他欣然答应。

很长时间，我们师生都在期盼着这个跨世纪的聚会。

因为早就作了充分准备，于是 2018 年 5 月 27 日我与上世纪七十年代的农村老学生孟繁俊、焦智华，上世纪八十年代的城市老学生王玲、王旭，一起走进了清代王府花园的 161 中学，我又邀请了教育生命的贵人——华东师范大学出版社北京分社编辑部主任杨坤，福建教育出版社北京图书出版中心暨北京八本坊文化传播有限公司执行总监江华，大家一起见证我们师生几十年绵绵不断的情意。

四、牢记与学生交往的青葱岁月

2018 年上半年我做了一项工作，就是整理并且记录下与学生交往的点滴岁月。

我已经退休 15 年了，便想静下心来，把我保存的与学生交往的几十年的资料进行一次全面、彻底的整理。

我买了 20 多本大小不一的精美相册，把从农村到城市所任教的班级合影按照年代归到一起，这样一想到哪一年教的哪一届，打开相册就可以看到，就会回忆起与那届学生交往的情景。学生毕业离开学校前，常常给班主任留下一张照片，我也按届整理到了一起。

一辈子只做班主任的我，还有一个习惯，就是保存每一届所教班级的分数册，那一张张分数册，有的名字是手写的，有的名字是打印的，有的已经保留了30多年，纸张已经泛黄、变脆，可是看到这一张张分数册，往往会跳出一个个学生可爱的笑脸，会听到学生奶声奶气的声音，这是一辈子只做班主任的人难得的享受呀！我小心翼翼地把这些分数册张贴到相册里。

2015年，学生毕业20年班级聚会，邀请我参加。我接过学生奉上的鲜花，走上主席台，拿出他们班当年的花名册，一一读出学生的名字，学生眼里闪着泪花拼命鼓掌，我们回忆当年的交往趣事，感动又温情。

在我的成名作《班主任工作创新艺术100招》中，专门有一篇文章《嵌名入诗招》，我把那一届学生的名字嵌进一首散文诗中，受到了学生的欢迎。

做教师，尤其是担任班主任，天天月月年年与青少年接触，甚至是朝夕相处，班主任以自己的青春谱写辉煌的教育诗篇，以自己的忠诚和执著维系绵长的文化繁衍，以自己的希冀和神往描绘斑斓的成长手记，以自己的理念和憧憬铸造坚强的未来人杰……班主任用自己的知识丰富学生的知识，用自己的智慧启迪学生的智慧，用自己的高尚思想品德熏陶感染学生的思想品德，用自己的情感激发学生的情感，用自己的个性影响学生的个性，用自己的心灵呼应学生的心灵，用自己的灵魂塑造学生的灵魂，用自己的人格塑造学生的人格。班主任的胸怀是最宽广的，含古今中外，纳天文地理，拥东西南北，瞰上下方圆，容得下千军万马、千山万水、千年万载、千沟万壑。

班主任熔铸的是理想，燃烧的是激情；璀璨的是哲理，培育的是雄心；激发的是烈火，喷薄的是青春；沸腾的是诗意，震撼的是心灵；凝聚的是智慧，腾飞的是生命；荟萃的是英才，涌动的是爱心；收获的是享受，领悟的是使命；创造的是奇迹，点燃的是火种。

班主任砥砺美好的心灵，用心血和青春培育中华民族的明天。

一辈子只做班主任真好！

网络助我坚守一辈子只做班主任

我之所以能在天津市老特级教师中脱颖而出，走向全国，成为首批教育部培训全国班主任专家；我之所以退休后能够在全国招收上百位青年班主任为徒，组建“张万祥师徒班主任工作研究群”，师徒群成绩斐然，退休 15 年后于 2018 年 10 月间在天津成功召开“全国首届张万祥师徒班主任工作艺术高峰论坛暨未来班集体建设研讨会”，取得轰动效应；我之所以能够在退休后与几家出版社密切联系，与全国几百位青年班主任通力合作主编出版 36 本书……其中最重要的一个保障是我能够自如地利用网络。网络为我插上了实践“一辈子只做班主任”这一初心的翅膀。

写作这本书，我的思绪又情不自禁地回到刚刚走进网络，蹒跚学步，继而在网络上逐步前行的情景。

一、第一次成为网民

1999 年我获得国务院特殊津贴专家的荣誉，用奖金购买了我的第一台电脑。当时，我只是把电脑当作写作的工具，还不会利用互联网做更多的事情。

2003 年退休以后，我竟然成了“网星”。这在过去，我是想也不敢想的。知名教育记者雷玲女士写了一篇以“网星张万祥”为题的通讯报道，发表在2005年3月28日的《现代教育报》上，占据了整整一版的篇幅，这是一个让我为之自豪的题目。

而提起网络，则说来话长。

过去，我对上网一是反感，认为它是导致青少年玩物丧志的罪魁祸首，应该口诛笔伐；二是觉得秘感，大千世界，尽在电脑中，令人不可思议。我认定自己这个花甲老人根本就不可能学会。于是对网络，或是厌烦至极，或是敬而远之，没有感受到学习网络的必要性。于是就悠悠然地生活在网络之外。

2003年8月间，就宣传“新教育”理念事宜，我邀请朱永新先生来天津讲学，时间定为9月13日。这前前后后多次与朱先生联系。他是名人，忙人。电话打到家里，他没有在家；电话打到办公室，他不在办公室。那时真是焦虑。朱先生告诉我，有事给他在“教育在线”网站发短消息。什么是“短消息”？什么是“教育在线”网站？我是一窍不通。这时我才感到自己已经落伍，已经被网络抛弃。我本想今后好好向朱永新先生学习、讨教，可是却没有资本走近朱先生。朱先生在天津的讲学掀起了天津市教育界学习“新教育”理念的热潮，也促进我走进网络世界。2003年9月23日，我战战兢兢地在“教育在线”网站注册，有生以来第一次成为“网民”。

“追求使我永远保持青春的活力，促我不断追寻教育的理想。”2003年9月23日注册成为“教育在线”会员，这是我发在上面的帖子的主题词，“教育在线”是我有生以来第一个注册的网站。2003年是我的本命年，是我步入人生的一个特殊阶段的年头。我已经60岁，正式退休，告别了奋斗一生的教育岗位，怎么说也是“夕阳红”中的一员了。但是，追求依然是我生活的主旋律。而认识“教育在线”，走近“教育在线”，走进“教育在线”，让追求二字更加刻骨铭心。“教育在线”让我再次上岗，促我青春焕发。

第一次在网站注册时，想以“花甲祥云”为网名。“花甲”，我整整 60 岁；祥云，一则吉祥，二则扣住我的名字；三则也想争个“之最”——网友中年龄最大。后来，“教育在线”的总版主李镇西告诉我，北京有位网友近 70 岁。于是，我和这个“之最”失之交臂。

“教育在线”人才荟萃。它让我有幸结识了当代著名教育家朱永新先生，朱永新先生在年龄上比我小 15 岁，可是我一向把他当作自己的老师。它让我走近了李镇西。与李镇西认识是在 1990 年。几十年间，他越来越伟大，越来越出名。我觉得我们之间的距离越来越大，可是走进“教育在线”，我和他的接触更多，学到的东西也与日俱增。赵公明、陶继新、卢志文、窦桂梅、任小艾、肖川……这些大师级的人物，这些对中国教育界产生巨大影响的人物都成了与我息息相通、“近在咫尺”的朋友，我从他们那里学习了许多。

二、第一次在网上制作课件

过去，我对会制作课件的人是顶礼膜拜的。看见他们在讲课讲学时，炫目、琳琅的幻灯片，我非常羡慕。简直是太神奇了，也没看见他们怎么动，一行行字就飞驰而来，有的动画更是活灵活现。我也想过自己在讲学时，得心应手地运用课件，但那是在梦里。我想，此生此世，也就是能在梦里过过课件瘾了吧。可是，退休后，全国各地邀请我讲学的多了起来。尤其是2003年10月间，教育部关工委培训中心邀请我和朱永新、李镇西、魏书生、成尚荣等到北京讲学。我想，自己远不如那几位，应该学学课件，缩小与他们的差距。当一个人有了奋斗的目标，也就产生了动力。在短短的十几天里，我几乎是无师自通，学会了过去被自己判了死刑的课件。这以后，哪里邀请我讲学，我便会底气十足地叮嘱他们一定要准备好投影仪等设备。后来，我也可以让幻灯片的文字飞动起来，让幻灯片上的插图动起来，也可以得心应手地美化每张幻灯片了。我常对青年班主任们说，你们的课件必须优秀，你们要超过我。我拥有了促进青年才俊们进步的又一项资本。

三、第一次发送手机短信

21世纪初，我觉得发手机短信甚是神秘。只是觉得好玩，没想到要学习，要掌握。学习手机发短信也是被逼无奈而行之。那是2004年3月31日，我在首都机场候机，应邀到温州讲学。在温州，有徒弟静水、基石、朱一花、赖联群（后来7月间又一次到温州，那时何志明从广州赶来，6月风莎从苏州赶来，朱雅芳从浙江省常山赶来，孙凯从杭州赶来）。飞机不会因我的迫不及待而提前起飞，在等待起飞的漫长时间里，我想到了发手机短信。否则，一兴奋，给众多徒弟一一打电话，要花费多少费用，而且出门在外手机费算是漫游，费用加倍。我花费用，是因为自己是手机短信的门外汉，当然要交额外的学费，可是害得众徒弟也大掏腰包（当时接电话也要付费），于心不忍。于是，我见缝插针，在首都机场发起手机短信，其实这也是有生以来第一次练习发短信。有时，事到临头，被逼无奈，进入状态，学起东西来分外快。我在手机键盘上打字很慢，笨拙地发了几条短信，感觉发短信的速度千日一里（别人是“一日千里”）。谁成想，当天到温州，徒弟何志明还赞不绝口地表扬我说：“张老师，手机短信回的真快。”真让我有点洋洋自得。

四、第一次网上讲课

21世纪初，如果我在网上开讲座，我自己也会认为是天方夜谭。我已经62岁，花甲老人还能给天下的青年朋友讲课，我自己都不相信。可是，这确实成为了铁打的现实。我走进了网络语音室，跟青年朋友侃侃而谈“班主任工作艺术”，我又一次产生了成就感、自豪感。

我应该记下这一页。我应该记下这一夜。这一天是2005年5月28日。

事情缘起于“钟声教育”论坛总版主清风拂面发来的一则邀请帖子。2005年5月14日，清风拂面发帖子说：“张老师您好！冒昧打扰一下您，‘钟声教育’有个语音沙龙，每个周六晚上都有一次讲座，我们想请您给大家作一次讲座，不知张老师有没有时间？知道您很忙，要是没有时间也没有关系。祝张老师周末开心！”对别人的求助邀请，我一向不敢怠慢，不敢拒绝。于是，我立即回帖答应下来。可是，怎样上网走进语音沙龙，我是一窍不通。我确实是怀着忐忑不安的心情接受邀请的。清风拂面耐心地告诉我网址，告诉我怎样掌握技术走进语音室。于是，我学会了安装“耳麦”，并在正式讲学的前一天晚上，实习操作了一番。按照事前约定，不到20点我就打开了“钟声教育”网站，网站却出奇的慢。好不容易进入了，却找不到语音室。清风拂面打来了电话，是一个悦耳的声音，告诉我这么做那么做。其实，与其说是她在教我，不如说是我自己在网上瞎闯乱撞。在几乎信心丧尽之际，忽然间，我闯进了语音室。看见“要麦”“试麦”“听见”“查麦”“搅拌”“无声”等一系列名称，好在我有QQ群的经验。我试了这个，又试了那个，像进了大观园的刘姥姥。可就是不知道打开声音，后来忽然看见右下角有个“打开声音”指示栏目，喜出望外，打开果然有了声音。清风拂面把“麦”递给我，我试了试。后来，清风拂面告诉我声音很大，没有问题，还表扬我学得快。我心里美滋滋的。

一切就绪，就等着28日晚上到语音室讲课了。那天，清风拂面几次发来短消息，通报情况，她告诉我：“‘钟声教育’网站是一个运行还不到一年的网站，是一些老师为了追寻心中的教育梦想自己创办的网站，其中的艰辛可想而知。论坛目前已走出困难时期，迈开自己的步子往前走。但是相对于‘教育在线’这样的大网站来说，目前论坛的人气还不是那么让人乐观，我们在努力！”她还介绍了“钟声教育”网站上的青年才俊们，如数家珍地告诉我：“目前论坛已有一些在工作中很有自己独到见解的朋友，如金风，和风，郑伟，thinker，懂你，风儿无影，wumingzhi，雪梅冰魂儿，陆其忠，川雨可爱等，他们都在论坛建有自己的专辑。”

她还在“教育在线”班主任论坛上发了广告：“本周六，也就是5月28日的晚上，张老师将在‘钟声教育’论坛的语音沙龙开讲座，讲座主题是“班主任工作艺术”。欢迎有时间的朋友来参与！网址 http://webquest.com.cn/forum/index.asp。”邀请大家来参加。很快就是28日了，晚上19点是雷打不动的收看《新闻联播》的时间，这天我只是看了看节目预报，然后沐浴更衣。我要焕然一新，迎接对我来讲非同一般的时刻。19点半，我打开电脑，打开互联网，进入“钟声教育”论坛，进入语音室。清风拂面正在组织、召集人，我看见人陆续来了——12个、13个、16个、23个……，时间到了，清风拂面把麦交给我。我是这样开场的：

“我要感谢清风拂面，感谢她给了我走进‘钟声教育’论坛的机遇，感谢她让我有生第一次学会了在网上作讲座，让我结识了这么多青年朋友。我今天讲的不是抛砖引玉，而是抛玉引玉。我讲的是我任教师30余年、做班主任26年的心血结晶。”本来事先商定讲座时间是一个小时，但我看到人数在增加，一直升到30个，而且一花来了，风莎来了，何斌来了……我讲了一个半小时才结束。之后，众多网友发言，给了我很多赞扬、鼓励，断断续续到了22点，我恋恋不舍地与大家告别。我想这又是一次成功，又是我网络生涯的第一次。

29日凌晨，按惯例，我打开网络，便看见清风拂面发来的短消息。说是“短消息”，真是委屈了她，洋洋洒洒近千言。这封信是她29日凌晨1点41分41秒发出的，让我感动。下面就是我下载的准备永久保存的原件。

消息标题：感谢张老师！

张老师好：

本来打算明天再给您写这封答谢信，但是发觉自己还处于一种激动之中，此刻丝毫没有睡意，只感觉今天晚上不给您写下这些文字，自己可能就睡不着。

张老师，“教育在线”我常去，很早就知道您带弟子，而且也看到您和您的弟子们的照片，也看到您给他们批改的作业，很是羡慕。自己也曾想，什么时候我也可以和张老师近距离接触呢？没有想到的是，这么快就真真切切听到了您的声音。“钟声教育”沙龙我已经主持过几次了，但是这次不同，今天，确切地说是从我们确定下来您这周六讲座以后，我就一直在激动着，一直在等待着这个时刻的到来。尤其是昨天下午，简直有些坐卧不定。昨天晚上的主持，因为激动，有些时候自己都不知道该怎么说话了。

张老师，等到您开始了讲座，您的声音是那样亲切。静静地听您讲述自己的经历，讲述一些教育故事，您的话语，您讲话的语调、情感，真的是犹如春风拂面，您说话中的那种亲切语气，那种磁力深深地打动了在场的每一个人。您走后，大家还在一直讲述听您讲座的这种不同一般的感觉。张老师，听您的讲座，听您教育中的点点滴滴，真的感觉就像您所说：教育因爱心而精彩；教育因敬业而精彩；教育因艺术而精彩；教育因诗意而精彩；教育因激情而精彩！听了您的讲座，让我深深地体悟到，教育应该是在润物细无声中悄悄进行，燃起学生的希望之火，激发他们奋进的欲望，给他们一片飞翔的空间。

张老师，在您走后，因为有新来的朋友，在他们的要求下我们又放了一节您讲座的片段，我又跟着大家细细听了一会儿，听着录音，自己依然是那样激动。今天语音室也是空前的爆满，后来听说，很多朋友还没有进来，因为语音室满30人之后就不能再进入。大家都是那样地仰慕您，想跟着您学习。我们有这样的机会真是幸运。

张老师，您的讲座论坛已经录好了音，经过处理，现在已经上传到了论坛，大家都可以下载。明天我会再细细听一遍您的讲座录音。

张老师，真的非常感谢您来“钟声教育”语音沙龙，感谢您给我们带来的这次讲座。您的到来，给了我很大的前行的动力，我会做一个善于思索的老师，做好我自己的工作，带好我的学生。

张老师，清风没有条理地说了这么多，真的是很想跟您说说这些话！

张老师，感谢您！代表“钟声论坛”的所有朋友感谢您！

祝张老师快乐开心！

清风拂面于29日凌晨1:30

五、第一次网上收徒

在班主任论坛上举行拜师活动应该说是“前无古人”的创举。收徒后，已经过了十多个春秋，前前后后和上百名徒弟交往……这是一首抒情诗，一幅写意画，这里有许许多多感天动地的故事。

自 1999 年购买第一台电脑，到 2018 年，20 年间，我在网上写作字数不少于 600 万字，电脑上保存资料不少于 800 万字，在网上交书稿，在网上收徒，在网上与全国青年班主任们交流，在网上授课……网络和电脑已经成为我不可或缺的亲密朋友。20 年间我已经更换了 6 台电脑，3 台笔记本电脑，硬盘容量小了更换为容量大的，前前后后也买了 5 个，而用坏的 U 盘更是不计其数……网络成就了我的事业，为我的专业成长插上了翅膀。

我难忘这一次次，难忘那一次次。我愿意不断创造更多的这一次、那一次。在不断的追求中，获取新的生命活力，保持一种昂然向上的精神状态，与青年班主任们在各个方面缩小距离，任何时候都不能以“廉颇老矣”为借口拒绝网上学习，要做一个与时俱进的人。

网上收徒创写教育诗篇

中国教育学会副会长、“新教育”创始人朱永新先生曾说：“张万祥为培养年轻的班主任，开创了网络带徒弟的先河，我感觉他正在创造一个奇迹。我说过，他是‘教育在线’的真正的青春偶像！”2004年2月，我开始收徒，前前后后有近百位班主任才俊与我结为师徒。经过不断整合，到2018年10月，我们师徒班主任工作研究群共有精兵强将52人。

我们师徒群硕果累累，在全国影响力越来越大。朱永新教授主编的《中国著名班主任德育思想录》一书中共收录了17名著名班主任，我们师徒就有7人入选。《新班主任》杂志38个编委中有11人是我的徒弟，而我与魏书生、李镇西同为顾问。在《班主任之友》“三十年三十人”纪念活动中，受表彰的30人中，“张万祥师徒班主任工作研究群”中有6人。在研究群中，享受国务院特殊津贴的专家2人，德育特级教师8人，全国优秀教师优秀班主任15人，省市级优秀教师优秀班主任31人，在全国著名的教育出版社出版了近二百本书，30位徒弟拥有以他们的名字命名的名班主任工作室……

一、打开网上收徒的第一扇窗

2003年9月间，朱永新先生、李镇西博士吸引我进入“新教育”网站，我每天在网站上贴出“班主任工作创新艺术100招”中的一招，短时间就引起了大家的关注，大家热情地鼓励我、支持我，上百人发出了上千个热情洋溢的帖子，随即大家纷纷请求我招收徒弟。而版主陈晓华的发言：“班主任论坛不日将爆出特大喜讯，敬请各位网友耐心关注！”更是吊起大家的胃口，几百人跟帖。2004年2月15日19点38分版主隆重推出帖子：“热烈欢迎张万祥老师来班主任论坛招募学员。这是论坛的节日，这是论坛的盛事，这是论坛的创举！期待您的光临，期待您的指导，期待您的参与！”这条帖子吸引了一千余人的目光。报名者众，只能进行网上考试，有选择地挑选。我完全按照正规考试拟题。这也是以前未有的。试题涉及教育政策法规、教育学、心理学常识，教育、德育实际问题思考……既有检测记忆的题，更有引发思考、检测分析问题能力的题，而且题型也是多种多样，侧重检测人的应变能力、创新能力、思考能力、解决难题的能力等。

的确，这对我来说也是一场特殊的考试！

考试开始了，考生在紧张地答卷，我仿佛看见广东、河北、河南、山东、山西等地考生的一张张青春洋溢的脸，一双双清澈明亮的眼睛，一个个意味深长的微笑，仿佛听到响彻大江南北、清脆的敲击键盘的声音。

考试后，阅完试卷，2004年3月28日19点，我确定了13个徒弟。紧接着，我拟出了“师徒合作协议书”。

2004年4月，我给第一批徒弟写了这样一封信：

我们将建设成温馨的家园

——写给我的弟子们

2004年3月28日19点是一个让你我难忘的时刻，从这一刻起，我们结成了网络上的师徒关系，这是“前无古人”的事。从这一刻起，你们牵动着我的心，我牵动着你们的心，我们将会心心相印、心心相通。

初步了解你们之后，4月1日我到温州讲学，和基石、静水、赖联群、朱一花相见，4月2日在天津见到云裳，我对自己、对爱人说得最多的一句话是：“我的弟子太优秀了，我的弟子太好了！”确实如此，当初，有些人好心地劝我不要收太多的弟子，因为多一个人，多一份牵挂，多一份负担，多一份疲惫，可能会为之耽误一些休息时间，会影响个人写作，会少发表些作品，会少出些书。但是，由于我的帮助，你们多发表作品，多出些书，这不是我最大的收获吗？为了让你们尽快成长，牺牲我自己的一些东西，值！我说过，过去我以学生为生命；今后我要以扶助青年班主任为己任。我的生命将会在你们的事业中、在你们的辉煌中得到延伸。这不是最理想的结局吗？要知道，从2004年3月28日19点起，你们已经成为我生命的一部分。

今后，你们的快乐，就是我的快乐；你们的幸福，就是我的幸福；你们的痛苦，就是我的痛苦；你们的磨难，就是我的磨难。今后，我们的血液将一起流淌，我们的脉搏会一同跳动，我们的琴弦将一起拨动，我们的情感将共同涌动。

……

像希望我的学生一样，我盼望你们——我的弟子——成才，成为享誉全省全国的名师，但是，我更希望你们成为幸福的人，爱你们的学生，也爱你们的父母、爱人、孩子。我更希望你们不仅成为优秀教师、优秀班主任，也成为好父亲、好母亲，好丈夫、好妻子，好女儿、好儿子。

祝愿你们永远有个好心情，祝愿你们有个好家庭。

请记住，从今以后，你们时时刻刻牵动着我的心。

刻骨铭心的拜师活动拉开了大幕，形成了“新教育”中一道璀璨亮丽的风景。

二、师徒活动进行时

我的徒弟分布在全国各地，我和这些徒弟的交流是真诚且持久的。这些交流构成了我退休生活的一部分，并焕发出耀眼的光彩。

利用到各地讲学的机会，我和徒弟们面对面地畅谈、交流。2004 年 5 月间，我在黄山市讲完学后，乘长途汽车到杭州、到桐乡，乘火车到安徽凤阳，有时还要坐三轮车、马车，一路颠簸，走访了 5 位徒弟。虽然路途辛苦，但是能和徒弟们面对面进行交流，我感到无比幸福。在杭州如诗如画的西子湖畔，在温州的江心屿公园，在闻名天下的武夷山下，在悠然的雁荡山上，在风景如画的瓯江江畔，泛舟在楠溪江面，骑马在波浪滚滚的黄河岸边……和徒弟们见面后，我往往要写一篇文章发在网上，这是我们真诚交流的见证。曹丽玉在一篇文章里说:“和老师在一起的日子是那么让我难忘，却又是那么短暂。我们在一起有那么多的话，张老师似父亲，亲切地问这问那，他和我们聊家常，说学习，谈生活，探教学，每一句话都说到了我的心里，他用他那通俗的语言向我娓娓道来很多以前不明的道理，使我心头荡漾着感动，一个刚去，一个又来了……”

我们更多的是在网上交流。我在电脑中给许多青年朋友建了文件夹，把他们的文章、帖子都下载珍藏起来。给他们写信，我往往先写好，保存在电脑里，然后再发给他们；而他们的回信，我也是一一下载收藏。得知他们取得了成绩，比如发表了文章，获得了荣誉，生活发生了变化，我都会给他们写信，用温馨装点他们的生活。在他们遇到困难、困惑的时候，我以真诚朋友的身份予以劝导。有一位徒弟遭遇失败，情绪低沉，我立即给他写了六千字的信，告诉他“失败也是一笔财富，一种美丽”，鼓励他振作起来。当他们取得一些成绩，却遭到嫉妒、打击的时候，我给他们写信，告诉他们古人说的一句话:“能受天磨真铁汉，不遭人忌是庸才。”我告诉他们：在讽刺面前，最重要的是战胜脆弱、战胜胆怯、战胜自我。为此，我特意在网上发了一则六千字的帖子:《想治学处事成功的班主任必读——对付嫉妒诽谤的绝招》。

我更换了几台电脑，但是和青年班主任的通信，我一直珍藏着。算起来，我和青年朋友的通信不少于 80 万字。这些已经成为我的珍宝。

从2004年3月招收第一批徒弟起，我就没有停止过网上收徒帮助青年班主任成长的脚步。每一批徒弟，我都严格要求，精心培养。他们有的起步晚，文笔不大成熟，我总是不厌其烦地帮助他们，精心修改他们的文章，一字一句，连一个标点符号也不放过。

我还善于发现徒弟们的潜能，帮助他们走上专业成长的快车道。

张国东是天津市唯一一所山区高中校——天津市蓟州区下营中学的一名普通教师，已扎根山区农村学校24个春秋，但坚持行走在追求教育的路上，成为盛开在深山中的奇葩。为提高专业素养，他每年都订阅《教师博览》(文摘版和原创版)、《班主任》、《班主任之友》(中学版)、《德育报》《新班主任》等报纸杂志。白天忙于备课、上课、批阅作业，晚上是他在文字的海洋中遨游的黄金时间，他每周坚持读一本专业期刊，摘抄教育精妙小语，撰写心得笔记。

班主任被戏称为“苦、累、忙、烦”的代言人，许多教师都不愿意担任班主任，他却热衷于班主任事业，把担任班主任当成一种享受，把班主任岗位当成实现自己人生梦想的舞台。特别是评上中学高级教师职称后，他多次向校长请缨担任班主任，为帮助更多的学生走出大山、圆梦大学，至今他仍坚守在班主任这片沃土上，扛起班级管理的大旗砥砺前行。

为永葆教育激情、追寻教育梦想、创造教育幸福人生，他坚持自费外出，先后赴北京、天津、青岛、青州、徐州、武汉等地学习全国优秀班主任的育人真经。每一次走近大师、聆听专家讲座，他都认真撰写听课笔记，及时把教育感悟诉诸笔端。追随大师让他实现了弯道超车，找到了成长标杆，找到了成长方向，把教育的触角伸向更远的地方。

作为一名高中生物教师，不像文科教师那样有写作的才能，但他却坚持用手中拙劣的笔记录成长的足迹。一天下来，忙里偷闲，写一段教学随笔，写一段班级管理纪事，让心灵在纸上放飞，让思想在键盘声中流淌。写作过程中，他对自己的教育行为有了一定反思，对教育有了更深刻的认识，便尝试向一些报纸杂志社投稿，一些文章相继发表，在教育报刊上发表了160余篇文章，参与编写《班主任其实好当》《幸福教师的60个“不”》等书。

我被张国东的教育情怀感动，指导他撰写专著《教育幸福，可以这样追求》，从书名的推敲到全书的立意潜心予以指导，从布局谋篇到全书体例精心为他策划，逐字逐句帮助他修改，几易其稿，又向出版社进行推荐，这本书终于在2015年10月由福建教育出版社出版，《教育文摘周报》用整版篇幅作了宣传。

这些年来，我竭尽全力帮助徒弟们：给徒弟的专著写了29篇序言和上百则推荐语，推荐20多位徒弟成为教育杂志的封面人物。

记得在郑学志、郑立平的热情推荐下，那年我又招收了杨春林、贾高见、管宗珍、胡春艳、吴菊萍、郭玉良、马彩云7位新徒。我同样给他们写信，表达心意，提出要求。我写道：

你们好！

2014年9月27日，是我们结为师徒的日子，对我、对你们，这都是一个难忘的日子。

在这一天，你们成为我今后生命中重要的青年朋友。这一天，当你们第一次喊我师父的时候，我除了兴奋，更多的是感到肩头的重担和重大的责任。

杨春林、管宗珍、吴菊萍、马彩云是与我合作多年的班主任精英，贾高见、胡春艳与郭玉良与我是第一次见面，第一次近距离接触。杨春林、管宗珍、吴菊萍、马彩云的才华与为人，我已经领略，而第一次见面的贾高见、胡春艳与郭玉良，在短暂的时间内，我已经感受到你们为人的高尚与才华的出众。

今天是黄金周的第二天，此刻我正坐在电脑前书写这封信，我在思考我们何以在武汉相聚、相知、相识呢？目前为此，我们可能只是在武汉见了一面，你们留在我心间的记忆可能也只是这匆匆的一见，那么为什么我们会结为师徒呢？在千千万万的教师中，为什么我们会结为师徒，而不是与另外的他与她？这就是缘分。

让我们珍惜这份缘分，爱护这份缘分，培养这份缘分，发展这份缘分。

此刻，我仿佛又看到你们一张张青春洋溢的脸庞，仿佛又听到你们慷慨激昂的声音——我知道从此我们将会并肩前行，将会一起迎风沐雨，闯关夺隘。你们的痛苦将成为我的痛苦，你们的快乐将成为我的快乐，你们的幸福将成为我的幸福……你们将成为我的骄傲，我也要争取成为你们的骄傲，成为你们的精神支柱，我要成为帮助你们攀登高峰的有力臂膀，成为你们坚实的垫脚石。

我们师徒群中不少人可以说现在是全国顶尖级的知名班主任，他们在发挥巨大的引领作用，比如郑立平、郑学志、李迪、覃丽兰、许丹红、韩素静……他们在许多方面已经走在我这个师父的前面。

……

由于近年身体每况愈下，我担心不能为徒弟做什么事，再者全国有几百位青年班主任想拜我为师，我无能为力，心有余力不足，都一一谢绝，最近两三年很少招收徒弟。这次由于郑学志的推荐，更因为你们的优秀吸引了我、打动了我，于是我们在江城结为师徒。

2004年，通过网络我招了第一批13位班主任徒弟（开创了网上收徒的先河），当时我对他们讲的话是——

我头上有国务院特殊津贴专家、德育特级教师、中国教育学会理事的桂冠，但是这对已经退休的老教师来讲只是一种安慰，是一种虚的不能再虚的光彩，是一种很容易让人安享晚年的光环。而且，这些已是明日黄花。

我自信自己没有衰老，没有陈腐，没有故步自封……我拥有一颗年轻的心脏，我拥有一种矢志不渝的追求，我拥有青年人的活力与激情。

请你们相信：

张老师没有才华，但是有恒心；

张老师没有浮华，但是有追求；

张老师没有青春，但是有激情；

张老师没有财富，但是有书朋；

张老师没有傲气，但是知感恩；

张老师没有浮躁，但是有淡泊。

……

让我们师徒在班主任专业化的征途上携手并肩、高歌猛进，攀登一个又一个险峰，夺得一个又一个胜利，赢得一个又一个辉煌！！

师父张万祥2014年十一黄金周于津门

2018年12月间，我收的徒弟是陈立军，现任教于长沙市明德中学，是中学语文正高级教师，长沙市第二届第一批德育（班主任）特色工作室首席名师。他曾获长沙市“德育先进个人”，长沙市“九芝”班主任奖、长沙市“芙蓉标兵”等荣誉称号，还是《基础教育参考》《班主任》《新班主任》等杂志的封面人物。近年来，他在《中国教育报》《中学语文教学参考》等报刊上发表教育教学随笔论文等80余篇，著有《生命的盐——德育工作行与思》《让心灵微笑》等5本著作。

三、张万祥师徒班主任工作研究没有休止符

近几年，我的身体健康情况每况愈下，每年都要住院两三次，但是，我的精神一直没有倒，经常是住院期间病情稍有好转，就立即在病床上用手机与徒弟和全国各地的青年班主任、教育出版社交流，出院后便又立即生龙活虎地开始工作。

然而，2016年4月12日的脑梗让我开始畏惧病魔，也让我产生了彻底退出班主任工作研究阵地的想法，我给徒弟们写了这样一封公开信——

给徒弟们的公开信：

2016年4月12日，我突患脑梗，王振刚，张俊华、李晶、李习勤立即到医院看望我，医生怕我情绪激动，影响治疗，没有让我见他们。

今天是我的生日，首先谢谢大家还记得这一天，纷纷发来热情洋溢的贺词，让我再一次感受到了人间真情的温暖。

在这一天，我万般无奈地给大家写这封公开信，宣布从此退出钟爱的班主任研究工作，从此退出帮助青年班主任成长的舞台，从此不再以师父自居。

之所以下这样的决心，是因为最近这场病。我早就病魔缠身，糖尿病、慢阻肺，每年都会住两三次院。但是，这些病没有吓倒我。而这次的病真的吓倒了我。我认为这是生命对我的一次警告，一次严重警告。

……

其实，我想退出班主任研究的舞台，不是一天两天了。随着年龄的增长，我越来越惶恐、不安，觉得自己已经落伍，与大家的距离越来越远，差距越来越大。我已经不能胜任师父这个职位了。这次，借这个机会退出，算是全身而退吧！

我还有一项任务——与福建教育出版社合作推出几本书，这项任务将在6月份完成。请相关的徒弟放心，我一定帮助大家把这项任务完成。

诸位青年朋友们，再见啦！祝愿大家在班主任专业化的道路上创造新的辉煌，也希望大家以我为戒，多多锻炼，保持身体健康。

张万祥于 2016 年 4 月 26 日

其实，我又食言了，又“说话不算数”了，又好了伤疤忘了疼，2017 年完成了《给年轻班主任的建议》（修订版）的编辑工作，帮助林志超、冯婉迪、王莉、牛胜荣完成了《做成功的班主任 · 修炼篇》《做成功的班主任 · 实践篇》两本书的征稿编辑工作，为几位青年班主任的专著作序，参加了三次大型班主任培训工作，并且作了演讲，加强了与徒弟们的交流。2018 年 1 月份开始，在体力不支、健康状况每况愈下的情况下，我开始编写一些睿智、富有哲理、短小精悍的短语来启发徒弟，武装徒弟，以提升徒弟的思想境界。例如：“山有山的高度，水有水的深度，没有必要攀比。每个人都有自己的长处。风有风的自由，云有云的温柔，没必要模仿。每个人都有自己的个性。你认为是快乐的，就去寻找。你认为是值得的，就去守候。你认为是幸福的，就去珍惜。依心而行，无憾今生。”……每天清晨第一时间，我就在师徒群里发出一则短语，最初起名为“感恩佛缘”，继而改为“心灵悟语”，为了表达我要持之以恒的决心，2017 年 8 月 17 日，我又重新命名为“禅意悟道”，成为弟子们每天期盼的心灵早餐。

2018 年 1 月 1 日，我重新整顿师徒群，组建了“张万祥师徒班主任工作研究群”，一共 40 人，并且发布了《告新群徒弟书》，我说：“……我们师徒群形散而神不散。我们的神就是不满足于现状，不躺倒在已经取得的成绩上，而是不断追求卓越，追求高尚的精神；我们的神就是精诚团结，互相帮助、互相激励、共同进取；我们的神就是谦虚谨慎，就是彼此敬畏。我们师徒群一向是积极向上，精诚团结，正气占上风，我们要发挥正能量，积攒正能量，让我们每个人的内心都是满满的正能量。……"

2018 年 10 月 19 日至 21 日，经过长期筹划，在天津举办了"全国首届张万祥师徒班主任工作艺术高峰论坛暨未来班集体建设研讨会"，民进中央副主席，第十二届全国政协副秘书长，常务委员会委员，中国教育学会副会长，苏州大学教授、博士生导师朱永新先生，山东教育社原总编辑，中国孔子基金会传统文化教育分会副会长陶继新先生，全国著名特级教师，被誉为"班会研究第一人"的上海新纪元教育集团丁如许工作室领衔人丁如许先生莅临大会并且作了精彩的演讲。这次大会分为主会场和三个分会场，大约有三千名班主任从全国各地奔赴天津参加盛会。会上，张万祥师徒 30 余名德育专家首次云集津门，就班主任工作技能、专业成长、自主管理、班会课、班本课程、班级文化、家校沟通等方面作了精彩的演讲。

这次大会特别成功。我第一次在公开场合公开打出我身体力行矢志不渝的追求——一辈子只做班主任。我在短暂的演讲中说："当班主任是一种明智的选择，只要执著于班主任事业，就可以大有作为，就可以一展宏图，就可以完成破茧化蝶的历程，就可以实现班主任专业化。当班主任也是实现人生价值的一条途径，也可以实现人生的飞跃。"我还说："班主任在'平常'中挖掘亮色，从'平淡'中寻找价值，在'平实'中创造幸福。把一生都献给班主任工作是值得的。一辈子只做班主任是值得的。”

“一辈子只做班主任！”这句话引起了青年班主任的强烈共鸣。马邦勇说：“张老师做的是生命教育，一辈子只做班主任，这一点足以震撼我。”韩庆芳说：“‘一辈子只做班主任！’这位‘青春老人’的一句话，深深感动了我。这是一种怎样的担当，怎样的执著，怎样的情怀！这一句话让我找到了精神的寄托！一辈子只做班主任，我也认了！”胡小勇说：“天津的10月，并不平常；10月的天津，温暖如春。这不是一个人的约会，更是一群教育人的盛会。‘有朋友自远方来，不亦乐乎’，得天下英才而教之，更是人生的幸事乐事。师父团队，高朋满座，近40位名师组成的弟子团队倾情演绎，把班级管理的科学与艺术、爱与智慧、创意与技巧、道义与德行、良知与责任诠释得淋漓尽致……”杭州江南实验学校的沈红叶老师写道：“‘青春老人’张万祥、‘新教育’领袖朱永新教授、‘教育痴人’郑学志老师等德育大咖的共性是对教育事业充满激情，无论观点还是内容都让人耳目一新，这让我感受到教育管理需要智慧。成功并没有那么遥远，也并非高不可攀，把自己的根深深地扎在教育的田野里，我们一样可以书写自己的生命传奇。”……这次大会获得巨大成功，好评如潮。也正是从这次大会开始，我高扬起“一辈子只做班主任”的大旗。

四、徒弟们的关爱与鼓励是我前进的营养液

徒弟们逢年过节发来祝贺，出版了专著，获得了殊荣，甚至他们的孩子成长的故事，他们都会第一时间告诉我，与我

分享快乐。所以，我虽然退休很长时间了，却没有感到老之已至的苍凉，没有感到生命已到暮秋的失落。

忘不了他们写给我的热情洋溢的诗歌和信件，比如王新国撰写的诗歌：

不老的青春

——致“青春老人”张万祥

有的人
站着
是一棵树；
有的人
站着
是一丛草。

有的人
站着燃烧，
是一树火，
是一树光；
有的人
站着着火
是一团烟，
是一堆灰。

有的人年轻，

已经老了；
有的人老了，
依然年轻。

年轻，不是年龄，
是心，是德，是精气神。
无论花甲，古稀，耄耋
这样的人啊，就是
“青春老人”
就拥有
不老的青春！
（2013 年 11 月 25 日）

比如远在广西的黎志新专门写给我的系列文章（限于篇幅，只列举部分）——山长水阔，何处寄深情？

敬爱的张老师：

您好！

昨晚陶老师打来电话，我们聊了许久，聊张老师热爱教育的情怀，聊张老师对年轻人的呵护，聊张老师的健康状况……

今晨起来，我突然有个想法，想把这一组日记寄给张老师。我想让老师知道，有许多人爱他，祝福他。希望这种牵挂的力量让老师更爱惜自己，以坚强、乐观、豁达的心情面对疾病，与病痛相抗争，积极治疗之外还要积极锻炼！

（注：张老师，不许回信，这次您听弟子的话！我已于12号回广西过年，您回信我也看不到，我要回农村婆婆那儿住10天，没有电话没有网络，春节期间就不和您联系了，在这儿给您和师母拜年了。）

致礼！

志新写于2007年2月10日晨

2007年1月29日　星期一　晴

我是1月29日上午读到老师的短信的，还未读完就潸然泪下……

我应该猜得到的，去年下半年，给他打过多次电话他都没接，有时候发短信给他，他也没回，这不像老师的风格。多次猜测却不敢过问，只是在心里默默地祝福他。读完短信，我就知道我的猜测是对的，他的健康状况一直不大好。

泪眼婆娑却无法相帮，山高地远，甚至无法前去探望，有些难过，更多的是惭愧。我打开“班主任论坛”，发了一篇帖子《祝福恩师张万祥》。后来发现，班长赖老师已发一帖——《朋友们，让我们为张老师祈福吧》，感动的情绪在心间流转。独对屏幕，静坐半天，千言万语，不知道如何说。我想起夏天和老师、师母手挽着手逛街的情景，想起在书房里的长谈，想起老师提点的那一行行文字…… 老师是年轻的时候透支身体落下的病，这些年又退而不休，为教育奔走劳累，为我们年轻教师的成长劳心劳力。我想起去年国庆节后那封几千字的长信还有那洋洋万言的《破解“沁心荷难题”》，以及那一本又一本飞过千山万水来到我手中的书……这些都倾注了老师多少心血与厚望啊！我就是在老师一次又一次的鼓励下继续前行，一直走到今天的。

我不敢给老师发短信，我怕打扰他的治疗；更不敢给他打电话，怕自己控制不了情绪，让他更担心我们。

在网上，看着那美丽的鲜花，娇艳欲滴的花朵仿佛透着馨香，我想起了许多祝福的歌曲，熟悉的旋律在耳边回响。此刻唯有鲜花和音乐能代表我的心，我想。老师不会听到，但应该能感应得到！我一直相信感应的力量，只希望那美丽的鲜花和动听的旋律能够为老师减轻痛苦！

我找到蔡国庆唱的《三百六十五个祝福》，把鲜花和音乐通过网络送到老师身边，在跟帖后面，我只跟了两句话：“愿祝福的鲜花驱散寒冷，愿祝福的歌声赶走病魔”！

希望这暖暖的歌词和真心的祝福能为老师减轻痛苦：

一年有三百六十五个日出，
我送你三百六十五个祝福，
时钟每天转了一千四百四十圈，
我的心每天都藏着
一千四百四十多个思念。
每一天都要祝你快快乐乐；
每一分钟都盼望你平平安安。
吉祥的光永远环绕着你，

像那旭日东升灿烂无比。

每一天都要祝你快快乐乐；

每一分钟都盼望你平平安安。

岁月像泉水悄悄地流，

友谊像那星辰永久永久。

……

2007 年 1 月 31 日　星期三　晴

短信寄深情

这些天阳光很好，希望天津也如此，老师的哮喘病，一定要注意保暖。每天早上，享受那冬日暖暖的阳光时，我总是忍不住在心里说："希望天津也有阳光，希望老师看到阳光之后心情会好起来，身体会好起来。"

心中有太多的希望！于是，忍不住还是发了一条短信给老师："花朵有个希望，希望天空给它阳光；蜜蜂有个希望，希望四季都有花香；我也有个希望，希望您心情好，身体健康！"

短信刚刚发出不久，就收到老师的回复："谢谢！"尽管只有两个字，我却能想象到老师如何克制痛苦，一笔一笔地输入…… 我告诉自己，再也不能发短信打扰老师了。我就在千山万水之外默默地祝福吧！

……

2007 年 2 月 8 日　星期四　晴

昨天收到老师的短信，化验结果出来了，是良性！我仰天看着灿烂的阳光，却发现眼角浸着泪。

今天，该回家了吧，老师。

我没敢打电话过去，还是让老师静静地卧床休息吧。

像这样出自徒弟们笔端更出自他们心间的文章，我珍藏了上百封，这些都是我的珍宝。

忘不了，每年我过生日时，徒弟们送来的如火的祝福，我收集起来竟然有二十几万字。忘不了，2009 年 6 月我再次因为哮喘病发作而住院，我按照习惯对徒弟保密，可是有一天，快递员送来一束鲜花，一看是远在广东开平的黎志新网购赠送我的。病房里弥漫着花香，我不禁潸然泪下。忘不了，李迪第一次应邀到西安讲学，主办方赠送给她一幅珍贵的碑拓，她竟然毫不犹豫地转赠给我。忘不了，覃丽兰担心我冬天脚凉，竟然悄悄地网购电动浴脚盆给我。忘不了，2017 年 4 月间，我偕同老伴和两位亲朋到江南 10 个城市旅游，我小心翼翼地保密，不想打扰工作繁忙的徒弟们，出乎意料，杭州的朱一花竟然找到带队导游的信息，旅游车刚到西湖，朱一花就等到车门前，带我们游历杭州夜景，打的送我们到萧山的旅馆；钱碧玉偕同爱人请我们到无锡最豪华的酒店吃饭，让我生平第一次品尝到了久闻其名的珍贵的鲥鱼；马彩云千辛万苦赶到我们旅游团下榻的宾馆，送来南京名小吃……

更难忘的是 2012 年 4 月，全国各地的一些徒弟奔赴天津亲自登门给我过 70 岁生日，张国东从百里之外的天津蓟州区赶来了，李习勤、张俊华从百里之外的滨海新区赶来了，韩素静偕同爱人和儿子从河南濮阳赶来了，郑立平偕同爱人从山东寿光赶来了，郑学志从湖南邵东赶来了，王莉从几千里外的深圳乘机而来，山东泰安的王新国灵机一动，立马购票赶来了，天津市区的王振刚，以及李晶夫妇早早就到了，覃丽兰在北京开会，专程赶来了，徒弟们在庆寿宴上，点起生日蜡烛，切开生日蛋糕，唱响生日快乐歌，我的眼睛湿润了，因为这份师徒情谊比海更深。

韩素静的一首诗代表了徒弟们的深情——

这些数字，温暖着我
——致恩师张万祥

我们之间
有多少个“一”
“一”封冒昧的求助信
“一”个善意的谎言
“一”组普通的数字
“一”个丰厚的红包

“一”封冒昧的求助信
让一名专家与一个草根教师
结下一段深深浅浅的缘

我提出一个要求：去看您

您应对一句：要旅游
最后才知道
那是一个善意的谎言啊
因为当时，您正躺在病榻上
眼看着医生擦拭那把手术刀

有一组普通的数字
将终生烙进我的生命里
出院 48 小时
您给拙作写下 2500 字的序
这组数字包裹着的热量
顿时驱散了
几千个日夜的疲惫和孤单

忘不了春节时那一个丰厚的红包
您说
红包里包裹着爷爷对孙子的祝福
但我明明看到
那里包裹着一个慈父般的温暖和关怀

还有，那一封封来信
在我犹豫不决时
在我痛失亲人时
是那 36 封信
温暖着我

鼓励着我
帮我泅渡了一个又一个
生命的劫

敬爱的师父
在这个特殊的日子里
这几个特殊的数字
一遍遍跳跃在我眼前
我用笨拙的笔捕住它们
让它们再次温暖我
在记忆深处留下永恒的快乐

敬爱的师父
在这个特殊的日子里
我只想记下这些美好的记忆
我只想对您说一声
师父，生日快乐
（2013 年 4 月 30 日）

五、师徒情深，心有灵犀一点通

从 2004 年 3 月招收第一批徒弟，十几年过去了，我们师徒团队已经拥有 52 名成员，成为一个“心有灵犀一点通”的大家庭。

2018 年 10 月 27 日，我在师徒群里看到徒弟王新国的一篇文章《有一种成长叫：成也长，不成也长》，在这篇文章中，出生于贫苦农家的王新国回忆了自己艰难的成长道路。上世纪八十年代初刚刚上初一的他痛失良母，弟弟仅9岁，还有两个哥哥，他的父亲带着4个孩子过日子，又是当爹又是当妈，就连糊口都难！他的老父亲今年80多岁，这辈子太不容易！我想想心里就酸酸的，眼睛就热辣辣的，这位老父亲太伟大了！怎么向这位老人致以敬意呢？我于是网购了一些天津特产给老人，让我这位素昧平生的老哥哥感受到些许温馨，让我的徒弟感受到人间自有真情在。

徒弟与我心连心，情感默契，他们的专业发展，我关心；他们家的老人，我关心；他们的子女，也是我时刻关注的对象。近几年来，他们的孩子高考了，我时刻惦念，高考成功，我给每个孩子发一千元的红包。钱不多，但是表示师父的一片心意。而我们师徒的深情厚谊是千金难买的。

六、师徒是休戚与共的共同体

我之所以收徒，不是好为人师，也不是想颐指气使，而是想“己欲立而立人，己欲达而达人”。自己做铺路石子，帮助徒弟们在班主任专业化的道路上走得更远；做架人梯，帮助他们攀登更高的险峰，取得更辉煌的成绩。其实，我从来不敢以师父自居，“师不必贤于弟子，弟子不必不如师”是我尊尚的信条。我时时刻刻都在向徒弟们学习，学习郑立平的大气大器，他创建了上千人的心语团队，每年都要为边远地区的老师订阅教育报刊、专业书籍，他是具有把教育当作宗教来崇拜的精神高贵的追梦书生；学习郑学志的睿智，许多教育难题，他都有迎刃而解的绝招妙招；追求美的使者，播种美的园丁的李迪的下笔如有神的才气，温文尔雅的气质值得我学习；深圳王莉为人豪爽大气，班主任工作得心应手，具有大将风度，值得我学习；学习覃丽兰为人热情诚恳，胸无微尘的纯洁；在教育上诗意地行走的董彦旭潜心挖掘教育中的诗意，谱写出成百上千篇诗作，追寻教育的诗心、诗趣、诗意的高雅追求值得学习；韩素静成功地打造出人世间的亲情大爱，对老人关怀备至，对孩子精心教育，对爱人相敬如宾；在山区做教育的张国东十多年来每年自费订阅六七种教育报刊，每天笔耕不辍，这种持之以恒的精神值得我学习；就连年龄只有我一半的王振刚在许多方面都值得我学习，比如他对教育的执著，他的勤奋，不到40岁已经出版了十来本书……我的每一位徒弟都是一本书，一本厚重的书，一本闪光的书。

我们师徒是一部书，一部长篇小说，写完了第一部，还有第二部，第三部……

甘当青年班主任专业成长的垫脚石

我一辈子只从事了一个职业，就是教师；我一辈子只担任了一个职务，就是班主任。我一向认为班主任是最优秀的群体，在职期间，我竭尽全力，走进学生的心灵，研究班主任工作艺术，不断攀登优秀班主任这个在我看来世上最巍峨的高峰；退休后，我把全部时间和精力用于班主任工作研究上，用于帮助青年班主任成长的事业中。我看到众多青年班主任没有认识到自己的优势、长处，对班主任工作的重视还不够，工作总是处于被动，甚至还产生了职业倦怠，于是，我发挥自己的优势，做铺路石子，做登高梯子，做引路火炬，帮助青年才俊们潜心研究，助其早日成为名师，成长为专家型班主任。

有的青年朋友要出书了，请我写序，我认为这是荣誉，更是一份深深的信任。作序前我要通读他们所有的文章，全面了解他们的情况，甚至包括他们读什么书，有什么爱好，有什么个性……写一篇序言，我往往要用上半个月乃至一个月的时间。近几年，病魔缠身，一年间要住院两三次。有时在病床上，我还要阅读他们的书稿。

我认为，要做青年班主任的真诚朋友，就要真诚地奉献。只有真诚的奉献，才能帮助青年班主任实实在在地成长。

著名教育家朱永新先生在网上发帖子说："张万祥为培养年

轻的班主任，开创了网络带徒弟的先河，我感觉他正在创造一个奇迹。他是‘教育在线’的真正青春偶像！”他还说：“我邀请他到‘教育在线’网站来帮助年轻教师成长，他不仅来了，而且成为‘教育在线’最亮丽的一道风景线……让我们看到了一个激情燃烧的‘青春老人’的形象！”

《教师博览》2007 年第 10 期《教育人物》专栏，在封二显要位置介绍了我，标题就是：青年班主任的真诚朋友张万祥。

朱永新先生的赞誉是对我的巨大鼓励，而《教师博览》的标题说出了我的心声，我就是要做青年班主任的真诚朋友，为青年班主任教育生命的辉煌“鞠躬尽瘁，死而后已”！

一、我和叶子老师的故事

那是 2006 年 10 月 16 日，我在山东省博兴实验中学和青年朋友一起听学术报告。报告没有开始，后排有人在叫我。扭头一看，是我刚刚见面的网友秋叶一片，她是山东省无棣县实验小学的优秀班主任。她递给我一个大大的漂亮的笔记簿。我以为是让我签名的，她却说是送给我的。扉页上是她的一段感人肺腑的、滚烫烫的话——

送给敬爱的张老师

张老师：

您好！

每当我坐在电脑前，轻敲键盘打开“教育在线”，把网页锁定在班主任论坛读帖时，心中涌动的往往是感动。这种感动没有随着时间而散去，而是更加深沉。感动于网友们对理想的执著，更感动于您长者般的引领。总想当面说声谢谢，可总苦于没有机会。今天，我这个愿望终于实现了。当我扒开人群，“冲”到您面前时内心真的是无比激动：“张老师，谢谢您，您为我们的付出，我们会铭记在心！”

祝您永远年轻，永远健康！

叶子

与秋叶一片（刘洁）的通信是从 2005 年 10 月 17 日开始的。那天收到她的一封信——

张老师，照片我今天下午就看到了，无法形容自己激动的心情，没想到百忙之中的您还想着一片普通的叶子。因为学校的电脑经常死机，便想回家再给您发邮件。我每天上网开机后的第一件事就是上“教育在线”，结果看到了您给我回的留言，并说要把您的书给我寄来，我是何等幸福！谢谢您，您的鼓励是我成长的最大动力。

对了，张老师，您发来的照片中没看到您和我们邱校的照片（就在我们照完，他接着和您照的）。您知道这张照片对我们多重要吗？这段时间我们的班主任活动、教研活动常学习您的文章，邱校也经常上“教育在线”，对您也是非常敬佩。记得 15 日的早上，坐在车上时邱校对我说：“刘洁，猜猜，我们去听谁的报告？”当时我只知道去博兴，并不知道听谁的报告。“就要见到你每天念叨的张老师了，这次可不是在网上，而是面对面。”真的很感谢邱校，按规定这次报告只准许局级以上领导参加，听说有您的报告他就带着我们20多个人去了。如果邱校和您的合影能找到，请您在百忙之中给我发过来好吗？（提出这个请求，真不好意思，因为您是那么忙。）我想把它发到我们的网站上，您同意吗？张老师，您或许不知道那将对我们的工作有多大的促进！因为像我一样敬佩您的同事太多了，今天上午我们陈主任就把您的《班主任工作创新艺术100招》全部下载，说要慢慢品读。

张老师，最后祝您永远年轻，永远健康！请您一定要注意休息！

叶子

过了两天，又收到她的信——

张老师：

您好！

看到您的帖子，叶子心中满是激动。没想到您会给一片普通的叶子写下这么真诚的话语。就像两天前没想到您会在百忙之中把照片给我发过来一样。

这几天我正忙着听课，忙着看一本难得的好书。（在您面前说忙真不好意思，实际上是自己的惰性在作怪。）我也来过“教育在线”，都是在语文沙龙论坛上留言。屈指算来已经有4天没有去打理自己的小屋了，真是万分惭愧。课间操时朋友告诉我刚刚在“教育在线”上看到您写的故事，故事里有一片叶子。我这才匆匆回教室打开电脑，看到了您写给叶子的话。

在拥有13万会员的“教育在线”上，叶子平凡的如一粒沙，从来没有奢望过来自您的关注。当那天临行时从我们邱校那里得知就要当面聆听您的报告，我心里只有一个想法，那就是当面向您说一声谢谢，谢谢您精心整理的那些资料，谢谢您无私的引领。

记得您在报告的最后向我们大家推荐“教育在线”。我也曾无数次向朋友、同事，甚至是陌生的同行推荐我们的“教育在线”。因为我是由衷地感谢“教育在线”，如果没有“教育在线”、没有班主任论坛、没有您的引领、没有其他网友的鼓励，我不知自己是否早已在忙碌的班主任工作中迷失了方向，不知自己是否还能体会到作为一名班主任的快乐。

张老师，我只是“教育在线”上一片普通的叶子，但我相信只要我努力地吮吸阳光和甘露，普通的叶子也会闪烁最美的光芒。您的鼓励就是我班主任工作的最大动力。

最后，再次感谢张老师。希望您在忙碌的工作中，注意休息，保重身体。

附：叶子向您作一下简单的自我介绍吧！我参加工作10年了，当了8年的班主任。因为喜欢写点东西，先后在《小学语文教学》《小学语文教师》《江西教育》《现代教育导报》《小学生拼音报》《小学生读写》《作文辅导》《校园文艺》等报刊上发表文章20多篇。辅导的孩子们的作文也有几十篇发表在《小学生拼音报》《小学生读写》《少年智力开发报》《作文辅导》等国家级、省级刊物上。和您说这些，没有丝毫的“骄傲”，只是想告诉老师，叶子不会给您丢脸。

再次问老师好！

叶子

2005 年 10 月 19 日

这样与青年班主任交流，收到来自青年班主任的鼓励和支持，是我在网上经常做的事。这是我退休后依然笔耕不辍、网上遨游、精心培养青年班主任的力量源泉。青年朋友们发表了文章，往往第一个告诉我；出版了专著，往往第一个给我寄来；获得了什么荣誉，往往第一时间与我分享。当然，他们遇到挫折、产生苦恼，也是第一个向我倾诉。我们的交往是真诚的、持久的、纯洁的。

叶子送给我的凝结了青年班主任深情厚谊的笔记本，我视如珍宝，一直不舍得用。2016 年 6 月，我的外孙考上一所比较好的高中，开始新的学习生涯，怎么鼓励孩子不断进取、勇攀高峰呢？我想到了这个珍藏 10 年的笔记本，并借本发挥，在笔记本上写下长长的一段话：

扬扬好！

还有不到一个星期，你就要参加某种意义上的人生第一次考试了！姥姥、姥爷想跟你说几句话。

面对考试，你也许有些紧张。但是，姥姥、姥爷现在一点也不担心，因为我们对你信心十足，我们相信你一定能够取得优异的成绩，一定会实现你的梦想。

姥姥、姥爷是看着你长大的，你小的时候，每次猜谜语，都能快速准确地找到谜底，为此，我们给你起了个外号——“难不倒”。姥爷还专程到北京西单图书大厦去给你买书。而每次我们的小电器出现故障，一筹莫展，你都是“手到病除”……后来你上学了，数学、外语都是你的强项；而如今，一般学生把外语、物理视为畏途，你却是得心应手。

这两年，我们特别欣赏你两件事，第一，读英语原著，在这点上，你远远超过当年的姥姥、姥爷。姥爷高中开始学习外语，到大学又学了5年。结果，不要说读原著，就是课本上的也学得稀里糊涂。从这点看，你比姥姥、姥爷起点高多了，所以我们推断，3年后你一定能考上理想的大学。第二，我们特别欣赏你酷爱骑车锻炼。骑自行车，不仅是体力的锻炼，更是意志品质的培养。长途骑车，你不怕苦不怕累，每天骑车衣服都湿透了，你却总是笑眯眯的。这种意志一般孩子难以达到，我们为你骄傲！

让我们骄傲的还有你的品质。一个人的品质决定他能够走多远。你为人善良厚道，善于团结人，肯吃苦，不怕困难……这些都是立足于世的根本，都是一生能够有所作为的保证。

扬扬，你是最棒的！加油！我们等着你的喜讯！

姥姥、姥爷

2016年6月12日

好钢用在刀刃上，这个保存了10年的笔记本的价值一定会得到很好的发挥。

二、我与霍松梅的故事

霍松梅是我笔交多年的优秀班主任，2017 年 3 月 16 日 8 点半我给她发去邮件，请她为《做成功的班主任 · 实践篇》《做成功的班主任 · 修炼篇》写稿，她马上给我回了微信，短短几个字："张老师，家庭重大变故，我辜负了您的美意。"我心里一震，马上发去询问："怎么了？有什么困难，需要我帮助吗？"她在 3 月 19 日凌晨两点 57 分告诉我："爱人撒手西去，无法言说的痛！ 48 岁，太年轻啊！"我在早上 8 点 45 分发去信息："人生三大痛：少年丧母，中年丧妻（夫），老年丧子。你一定要节哀，要坚强地从痛苦中走出来。你坚强了，把老人照顾好，把孩子带好，把家庭收拾好！这也是你爱人的遗愿。人都要经受种种磨难，希望富有才华的松梅坚强起来！"

原来，她的老公于 2017 年 3 月 15 日（农历二月十八）8 点 14 分遭遇车祸不幸去世。

此后，她接连许多天在朋友圈发出一则则撕心裂肺的悼念文章。

3 月 22 日她倾诉道："老公，我这里下雨了，气温有些低，你那里下雨了吗？冷吗？昨晚没了你操心，洗好的衣服挂在窗外忘记收回，又淋了雨，有两件还掉到了二楼的防护网上。老公，想起你不由泪水涟涟。老公，痛彻心扉的滋味实在难以承受！有你的日子总被幸福环绕，来不及品味，现在靠回味品味来度日。"

3 月 25 日她写道："老公，你已经走了 10 天了，我的世界里一直是凄风苦雨，我蜷缩在厚厚的棉被里还瑟瑟发抖。"

……

我在主编书的过程中，与霍松梅相知，而她发来的一篇篇精美的文章让我看到了她出众的才华，现在她遭遇不幸，难于解脱，让我悲痛不已。怎么帮助她从悲痛中走出来，我绞尽脑汁，2017 年 4 月 13 日我想出一个安慰她的方法，就是给她网购吉祥物——铜葫芦，我又担心她谢绝，于是给她发微信：“我想给你寄本书，以帮助你早日走出阴霾。请把接收的地址和邮编再发给我一次。”

2017 年 4 月 13 日 14 时我开始上网，经过两个小时的筛选，最后订购了泰山慈风阁风水开光纯铜吉祥葫芦，高 20 厘米，2.6 斤重，318 元。然后我又到当当网，网购了我的新书《31 位名班主任的精神修炼之旅》和朱永新先生主编的《全国著名班主任德育思想录》。办完这件事，我的心情才稍稍平静一点。

隔了几天，她发来微信表示感谢：“谢谢张万祥老人家一直以来对我的关心与厚爱，寄给我两本书，助我走出人生的沼泽地。感谢人间有大爱。”

（说明：2018 年 10 月 20 日在“全国首届张万祥师徒班主任工作艺术高峰论坛暨未来班集体建设研讨会”上，我与她结为师徒。）

三、我和张爱敏的故事

2017 年 6 月 6 日我因哮喘病发作住院，6 月 7 日 9 点看到张爱敏发来的喜讯：“张老师，向您报喜——我入围河南省最美教师候选人了。谢谢您！激励我一直行走的我最敬仰的人！”

并发来推介她参选的文章《张爱敏，让教育也浪漫的农村老师》，我没有应酬式地只说“祝贺”“热烈祝贺”的话，而是请她把个人简介发到我的邮箱，我要帮助她成为封面人物，并且发去微信：“爱敏老师好，我觉得现在简简单单地说一句祝贺、庆贺太苍白了。这篇报道写得好，有很多干货，主要还是因为你做得好，我想做点实际的事，给你拟出了几个书名《在乡村也能成长为一棵大树》《在穷乡僻壤绽放教育的美丽》《在穷乡僻壤谱写教育诗》，请你写一本书，我会尽力帮助你出版。”我很少为人网上拉票，但是这次我号召徒弟们为她投票，并表述理由：“一是她同你们一样，有理想有追求，扎根于农村，兢兢业业，矢志不渝；二是她为教育、为学生奉献了聪明才智，取得了斐然的成绩；三是她坚持写作，文笔出色，写出了很多优秀文章，是我的骨干作者。请诸位高徒动员你们工作室的朋友们，为河南省本届最美教师候选人张爱敏投上宝贵的一票。拜托诸位，谢谢诸位。”

第二天，当我看到她写父亲的文章时，再一次发出呼吁：“师父再次提醒，支持张爱敏。她的父亲当年靠捡拾垃圾为她凑齐三千元学费，她克服难以想象的困难，在专业领域不断成长，坚守在农村学校，大城市名校高薪挖她，她不为所动。请各位支持，请各位发动朋友们支持，请大家发动工作室的老师们投票。”

我与她的交往始于2013年，她应《班主任修心养德100篇千字妙文》《班主任生活情趣100篇千字妙文》两本书的稿约，提交了三篇文章，她根据我的意见进行了修改，我高度肯定了她的文笔。

她认真地进行了修改，回信说："张老师，是您点燃了我继续行走的梦想与信念，坚定了我前行的步伐和目标。您的忠告依然回响在耳畔——不认输，不服输的青年班主任朋友们，请一定不要停下前进的步伐，不要掩埋自己的才华。希望成为你们的忘年交，期盼见到你们取得更大辉煌。……"

2014年，她参加"班主任百篇千字妙招"系列丛书的约稿，共提交了四篇文章，我录用了三篇:《我也做个小动作》《你，就是我的情人》《种下一棵心愿树》。

2015年，在"班主任百篇千字妙招"系列丛书的约稿中，我又一次录用了她的三篇文章:《一朵带刺的玫瑰花》《我陪你跑》《都是纸条惹的祸》。

在《酸甜苦辣咸——班主任的一天》中，我录用了她的一篇文章《期盼的一天》。2017年在我任总主编的《给新锐班主任的建议·修炼篇》一书中，她又提交了一篇美文《造就心灵的丰美草原》。

我与爱敏老师就是在写作中不断加深了了解的。

四、我和刘祥老师的故事

退休后我出版了36本书，其中大部分是主编。我从事主编工作的初衷是想借助教育出版社给年轻班主任提供展示聪明才智的舞台。把默默无闻的青年班主任的文章征集来修改好，编辑成书，并且打造成为畅销书，这就需要名家的文章来支撑。于是，我邀请名师大家赐稿。让我感动的是许多已经功成名就的大家总是鼎力支持我，按时甚至提前发来高质量的文章，在此仅举一例——高中语文特级教师、江苏省教学名师、正高级教师，著有《走过高三》《青年教师的心灵成长之旅》《语文教师的八节必修课》《追寻语文的“三度”》《有滋有味教语文》等书籍的江苏省仪征中学刘祥老师。我与他素昧平生，只是久仰其大名，于是屡屡向他约稿，而他每次都慨然应允，精心写作，按时交稿。正因为有这些名师的鼎力支持，我主编的不少书成为畅销书。在担任主编的十余年间，我阅稿成千上万，交友成百上千。而有的名班主任，我请求其赐稿，也许答应一两次，后来就以各种理由婉拒。有的名班主任对我的约稿根本不屑于答复。这让我心有戚戚然，更加感激刘祥老师。

2017 年 10 月 1 日，我给他写了这样一封信：

刘祥老弟，这是第一次这么称呼您，以前我都是称您为刘先生的。我比您大 20 多岁，为什么还要如此称呼？因为我知道您是全国响当当的名师，著述颇丰，是特级教师、正高级教师……可以说，您功成名就，时间肯定特别宝贵，可是我每次邀稿，您都是及时地交给我高质量的大作，有些人一旦成为名师，常常会以各种借口谢绝约稿。您这么始终如一地支持我，原因何在？今天看到《优秀教师的成长关键人物》一书中您撰写的《心中的天使》美文，其中这段话给了我答案：“现在，当我因为主动放弃了某些利益而实现了更高境界的理想时，当我因为舍弃了某种地位而收获了内心的充盈时，当我面对着一个个坎坷而能以相对豁达的心态坦然迈过时，当我面对身边教师及天南地北的同行的各种求助而慨然应允、倾囊相传时，我已习惯于如他（老祖父）那样甘愿吃亏而守一份内心的平和安宁，快乐付出而不求他人的感激与回报。”

刘祥老弟，在十一这个特殊的日子里，我读了方心田先生主编的三本书，先找出您的三篇文章拜读。然后，再在微信上一个字一个字地打出这封信，以此表达对您的敬重，对您的感激之情！

班主任想在事业上取得长足发展，做事为人就应该像刘祥老师这样大气。在起步阶段兢兢业业工作，勤勤恳恳学习，恪守师德，坦坦荡荡，敬业重道，不断修身养性，不媚俗，挺直腰杆，依靠自己的真才实学来打造自身的品牌。一旦取得了成绩，获得了荣誉，有了名气，更要谦虚谨慎，见贤思齐，俯下身子做事做人。不能趾高气扬，目中无人，蝇营狗苟，不能以自己的名声荣誉作为攫取金钱权力的资本。要守住道德的底线，尊重帮助自己成长的生命贵人，记住别人的滴水之恩。对比自己强的人，要尊重，要放下架子虚心学习。对于后进者，不歧视，不轻视，不能恃强凌弱，要热情、慷慨地予以全心全意的帮助。

五、与青年班主任交往是美丽的教育诗

从 2003 年 9 月我开始在网上活动，到现在已经十多年，我努力做青年班主任的真诚朋友，而青年班主任也给了我真诚的回报，他们经常鼓励我，赞扬我，激励我，安慰我。在我取得新的成绩时，他们立即前来祝贺；在我生日时，他们争先恐

后地献上鲜花，唱响《生日快乐歌》；在我生病时，他们一声声的问候，给我带来春天般的温暖……我把这些都集中在一个文件夹里，起名为“令我最感动的帖子”，如今竟已达20多万字，在真诚的交流中，我享受到了幸福。

这些热情的帖子，给我温暖，给我力量和勇气。每每重温，我都会产生青春的澎湃，热血的沸腾，都会让我忘记老之已至，重新焕发青春。这难道不是最动人的诗篇，最优美的歌曲吗？

“令我最感动的帖子”中有这样一个帖子，它用最简单的言辞抒写出最动人的心声，让我刻骨铭心、终生难忘。这是网友 hanqijian 在 2004 年 4 月 9 日 22:50 发给我的短信息，只有 49 个字：“我已经 7 年没做班主任了，您的激情唤起了我的激情，我决心再做班主任，做一个以学生为生命的班主任。谢谢您，张老师。”

河北省承德市的刘振远带领残疾孩子们向我问好，几次发来视频，听到孩子们含含糊糊、吐字不清地说：“张老师好！”看到孩子们的笑容，我仿佛听到最美的仙乐，看到最美的笑靥，我如醉如痴，泪如雨下。

从 2005 年起，我生日的那一天，全国各地网友的网上祝贺便如诗如潮地涌来。资深记者陶继新先生在他的通讯报道《生命在学生的事业中延伸——记德育探索者张万祥》中写道：“是的，有谁比张万祥的生日过得更加精彩？你纵然拥有千万资产百座楼房，纵然权倾一时为官数十载，但你能有张老师的生日过得更加幸福吗？幸福是一种自我感觉，是一种感情与精神上的高贵之物。非精神贵族不能拥有之。张万祥老师这份幸福是自我取之，不能为他人所夺；终生享用，不会因时光流转而淡失辉光。”

和青年班主任交往是我生命中的一首诗，一首歌，这诗是如此优美，这歌是如此隽永，我要用全部生命谱写这首诗，全部心血演唱这首歌。生命不息，做青年班主任真诚朋友的事业不止。我希望青年班主任勇于追求事业的成功，敢于攀登高峰，追求崇高的目标——做教育专家，做一流的班主任，做享誉全国的知名班主任。古人说：“己欲立而立人，己欲达而达人。”这已经成为我的座右铭。我愿做铺路石子，做攀登云梯，帮助青年班主任登上教育事业的巅峰。

六、借助一切机会鼓励青年班主任

这些年我和青年班主任建立了广泛、亲密的联系，我会借助一切机会鼓励他们，如 2011 年 7 月，某地召开班主任培训大会，邀请我讲课，但是我正在生病，不能前往，于是我在病床上借用网络给大会发去了一封信。

青年班主任朋友们：

你们好！

首先，请允许我以一位老班主任的名义向“体验教育幸福，点亮教育人生班坛盛事，论剑中原”的隆重召开致以最诚挚的祝贺，向与会的青年班主任朋友们致以最崇高的敬礼！

7 月的中原郑州是炎热的，而你们不辞辛苦从几百里几千里奔波到这里，你们的心是火热的。炎热加火热，让我们的班主任事业更加红红火火，更加异彩纷呈，更加璀璨辉煌！如果不是身体不适，我一定会和你们一起去追逐梦想，一起体验教育幸福，一起点亮教育人生，一起去创造辉煌！

我在最近主编的《全国知名青年班主任谈专业成长》一书的序言中说：“当今优秀班主任不断涌现，一大批具有较高研究水平、专业素养的研究型青年班主任横空出世，他们已经挺进班主任培训、班主任工作研究领域，他们敏锐的教育思想、鲜活的教育实践、出众的创新能力、丰硕的研究成果……不仅得到众多班主任的拥戴，而且赢得了班主任研究机构、许多教育出版社、教育报刊社的青睐。他们已经成为璀璨的新星，成为全国青年班主任的领军人物，成为班主任培训、班主任工作研究的生力军。”与会的青年班主任朋友们，你们就是当之无愧的“璀璨的新星”“领军人物”“生力军”。

朋友们，你们富有激情，希望你们永葆激情。卡耐基说：“燃烧的热忱，凭着切实有用的知识与坚忍不拔，是造就成功的最常见的特性。”激情是人生积极的力量。激情让人不甘于平庸，激情促使人从一座高峰攀登另一座高峰，激情可以使人产生力挫群雄的千钧之力。教育的车轮要激情来推动，教育的画卷要激情来描绘。拥有激情的班主任永远昂扬着，永远潇洒着，永远意气风发、英姿勃勃。班主任工作是科学、是艺术，永无止境，没有至高点，值得我们殚精竭虑潜心研究。而激情是班主任不断进取、勇于攀登的巨大动力。

……

朋友们，班主任事业培养出魏书生、李镇西、丁榕、任小艾等一代名师、名班主任，也会为当今优秀青年班主任搭起攀登教育生命峰巅的天梯。希望你们认识到——班主任工作大有可为，是值得研究一辈子的岗位，是值得为之奋斗一辈子的事业。希望你们也成为魏书生、李镇西、丁榕、任小艾这样的名师、名班主任。

我以后还要主编《全国知名青年班主任谈专业成长》这类书，那时在座的诸位就是书的主角！这是我的愿望，也一定会成为现实。

祝与会的青年朋友们乘兴而来，满载而归。

祝大会圆满成功！

你们真诚的朋友：张万祥

2011年7月21日于津门

以宣传优秀班主任为己任

退休后，我从钟爱且付出毕生精力的班主任岗位上退下来，而网上收徒，网上指导，网上交流，为青年朋友的专著写序，向教育报刊推荐优秀班主任的文章，向教育出版社推荐优秀班主任的著作，研究优秀班主任成长的规律，把青年朋友们的成就编辑成书展示于世等工作成了我生活的主要内容。看见青年朋友的优秀帖子，我往往会忘乎所以、击节叫好；发现班主任新星腾空而起，我往往会兴奋得彻夜难眠。越走近青年班主任，越发现他们对事业的酷爱；越走进他们的心灵，越感觉到教育的魅力。于是，我产生了为优秀青年班主任“作传”的冲动。2005 年 10 月我和万玮在华东师范大学出版社合作主编出版了《教师专业成长的途径——30 位优秀教师的案例》，2008 年 7 月主编出版了《班主任专业成长的途径——40 位优秀班主任的案例》，2010 年 9 月在轻工业出版社万千教育主编出版了《班主任其实好当——44 位优秀班主任的秘诀》，2011 年 8 月主编出版了《全国知名青年班主任谈专业成长》，2014 年 1 月在源创教育主编出版了《做一个幸福的班主任——16 位知名青年班主任讲演录》，2016 年 12 月在福建教育出版社主编出版了《31 位名班主任的精神修炼之旅》。

在这几本书中，我为全国一百多位优秀班主任搭设平台，这些班主任有的工作在喧嚣的大都市，有的工作在寂静的乡村小镇；有的面对的是经过层层选拔的骄子，有的教授的是朴实无华的乡村娃；有的是常年担任毕业班的班主任，有的带的是小学一年级学生；有的是身经百战、屡获佳绩的老班主任，有的是刚刚走上班主任岗位仅三五年就崭露头角的年轻人，有的是工作了十几年或二十几年依然毫无建树……他们把自己特殊的经历，特殊的感受，特殊的痛苦，特殊的快乐，特殊的经验，特殊的治班方法等一一展示出来，如此生动，如此形象，如此深刻，如此丰富，如此震撼心灵，如此引人入胜。

这几本书的作者都是一线的“草根”班主任，他们每个人都具有鲜活的成长经历和感人的成长故事。从“班主任的理想”到“班级管理智慧”，从“问题学生教育”到“德育技巧”，从“班主任宏伟的追求”到“班主任的专业成长”，从“对成功经验的总结”到“对失败教训的反思”……全方位展示了这些优秀班主任的成长轨迹。在第一次为他们的书写序言时，我说:“这些班主任今天肯定是优秀的，但可能还不是卓越的；今天是卓越的，但可能还不是专家型的；今天也许还是默默无闻，名不见经传，但是明天必定会享誉全市、全省，甚至全国；今天也许还没有完全施展出自己的才干，但是具有非同一般的潜力，有一天一定会‘会当凌绝顶，一览众山小’”……值得骄傲的是，这个预言已经变成了现实。

在我主编的这几本书中，我着力宣传了丁如许、万玮、刘祥、王有鹏、常作印、陈晓华、王立华、申淑敏、田丽霞、甄珍、郑丹娜、王君、秦望、陈宇……他们都是享誉全国的名班主任。我还举贤不避亲，大力宣传我的优秀徒弟，比如王国明、王振刚、深圳王莉、安阳王莉、牛瑞峰、陈立军、李习勤、郑立平、郑学志、李迪、冯婉迪、朱一花、黎志新、许丹红、谌志惠、梁岗、覃丽兰、钱碧玉、韩素静、张国东、梅洪建、杨春林、林志超、郭玉良、董彦旭、管宗珍……

在这几本书里，这些在全国享有盛誉的知名班主任呈献出他们最精彩的探索，最深刻的感悟，最动人的业绩，最美丽的人生轨迹，最真挚的忠告。因而，我们可以和这些知名班主任们一起“享受做班主任的幸福”，领会“轻轻松松做班主任”的秘诀，聆听“让学生拥有幸福完整的教育生活”的真谛，学习“打造班级文化名片”“带孩子享受现代班级阅读生活”“为学困生‘雪中送炭’”的方法，体会“用心灵润泽心灵”的真经，思考“教师阅读走向哪里”“我们可以活得更好”“永远学做班主任”“始终保持上下而求索的态势”“在行走中成全自己和学生”等重大问题，领悟“触及心灵的教育”的精彩……同时，我从这些书里也感受到了这些功成名就的知名班主任当年败走麦城的尴尬，看到了他们怎样从重重错误中跌跌撞撞地走出低谷……

我利用主编的机会向青年班主任介绍卓有影响的名班主任，宣传他们的德育实践和取得的成绩。王有鹏老师是山东省首位思想品德特级教师，山东省首批中小学正高级教师，也是临沂市市直学校唯一的正高级教师。王老师不仅教学工作和班主任管理工作成绩显著，而且教育科研成果丰硕，截至 2015 年，已经发表论文和随笔约 400 篇，出版专著三部。王老师虽功成名就，却始终保持一颗永远进取的心。他认为：“有所追求才能有所享受，有所奋斗才能有所成就。人生的幸福要在不懈追求之中去寻找，人生的价值要在顽强奋斗之中去实现。”王老师立志做“有思想、有风格、有智慧、有学识、有品位的反思型、创新型、科研型、快乐型教师”，即立志做“五有四型”教师，由此可见，王老师是一个有恒心、有追求的人。已经成为“教授”的他，仍然没有停止自己执著追求的脚步，他对自己是这样定位的：继续保持精神饱满的状态，继续保持闲适宁静的心态，继续保持端正大方的仪态，继续保持昂扬向上的姿态！王老师是一条生命力旺盛的常青藤，正沐浴着和煦的阳光，呼吸着新鲜的空气，享受着美好的时光，精神饱满、信心十足地向着既定的目标继续奋进着。

刘祥老师是我敬重的一位老班主任，是班主任领域中的“重量级人物”。

从获得的荣誉看——高中语文特级教师，正高级教师，扬州市有突出贡献的中青年专家，扬州市优秀教育工作者，仪征市优秀科技工作者，《教师博览》签约作者，“人教杯”全国课堂教学课例比赛一等奖获得者——可谓荣誉骄人；从影响看——应邀在省内外多地开设展示课、主题讲座百余场——可谓影响广泛；从著述看——在《人民教育》《语文建设》等数十家刊物上发表教育教学类文章六七百篇，出版了《青年教师的心灵成长之旅》《语文教师的八节必修课》《追寻语文的“三度”》《中学语文经典文本解读——第三只眼看课文》《重构教师思维——教师应知的 28 条职业常识》等教育教学专著八部，参编各类书籍近 20 部，可谓著述颇丰。他始终保持着昂扬的斗志，没有停下追求的脚步。即使戴上“特级教师”的桂冠，他想到的也不是船到码头车到站，功成名就，颐养天年，而是认为：“需要将50岁看作一个开始，重新规划我们剩余的10年教育生涯。……现在，有了这个新的平台，更应该重新开始，唯有不断上路，才能让我们的每一天都无限丰盈。”他深有感触地说：“一位名师说，心怀崇高教育理想的教师，即使跌倒在阴沟中，也会抬起头来，仰望星辰。我愿永远做这样的仰望星辰者，不愿如葛朗台，死守着可怜的家私一遍遍盘点。”

郑立平是我的徒弟，其实在许多方面，他堪称是我的师父。因为他，我对韩愈的名句“师不必贤于弟子，弟子不必不如师”理解得更深刻了。他有非同一般的事业心，非同一般的责任感，非同一般的激情，非同一般的追求——做精神高贵的追梦书生。他不为名不为利，一心一意为了中国的班主任事业，这种精神是值得所有班主任学习，值得发扬光大，值得大书特书的！从取得的成绩看，1969年出生的他已经是全国知名特级教师、知名班主任，齐鲁名师、全国十佳班主任、山东省首届十佳班主任，全国教育改革创新优秀教师，全国数学奥赛优秀辅导员，山东省班主任专业委员会副主任，教育部国培专家……已出版《从教学走向教育》《把班级还给学生》《做一个聪明的班主任》《优秀教师成长之道》等著作17部，个人事迹在《人民教育》《中国教育报》《中国教师报》等20多家报刊有专门推介，系《山东教育》《班主任》《班主任之友》《教师博览》等杂志封面人物；他沉醉于教育教学实践与研究，创办全国（民间）班主任成长研究会，带领全国各地近千名优秀教师一起追寻和创造教育幸福；同时，系青岛市初中数学名师工作室主持人，兼任安徽灵璧心语实验学校、河南信阳淮滨实验学校等名誉校长；应邀到全国各地作学校管理、教师成长、班主任工作、教育科研、课堂教学、家庭教育等专题报告400多场。

郑立平有一颗金子般的心，这里仅以2013年为例。1月20日，他拿出近5000元稿费，为全国各地偏远贫穷地区的60名青年教师订阅了《教师博览》《新班主任》等杂志。2月28日，向山东省寿光市台头镇实验小学、牛头小学捐赠图书《优秀教师成长之道》等60余册。3月12日，向山东省寿光世纪学校捐赠图书《用故事说话——教师必备的教育素养》40册。4月26日，向山东省寿光市田马镇赵庙初中捐赠图书《优秀教师成长之道》等50余册。5月18—19日，率团队成员山东张玉芝、河北郭淑兰等四名骨干教师到湖北孝感市孝南区和云梦县无偿作公益讲座。6月20日，通过湖北教育杂志社给该省两个贫困地区的教师捐赠图书《为师之鉴——教师心头的那些悔与恨》300册。7月9—11日，和爱人一起走进湖北省宜昌市远安县等地，无偿进行公益讲座，并与当地教师对话交流。7月18—19日，安排团队骨干成员天津宋文娟、河南韩素静等8人赶赴河北省张家口市宣化区无偿支教，并捐赠图书《用故事说话——教师必备的教育素养》100册。7月27—28日，经过很长时间的精心组织，主题为“幸福教育生活打造与教师成长规律探析高峰论坛”的民间大型公益教育活动，在河南省郑州市管城区五里堡小学隆重举行。来自山东、广东、贵州、河北、四川、江苏、浙江等20多个省的全国优秀班主任和郑州市管城区、周口市鹿邑县的两千余名骨干班主任老师一起探讨教师成长的路径，一起研究幸福教育生活的创造，一起学习和交流班主任工作经验，享受了一次智慧与心灵的洗礼。10月3日，向贵州省赫章县的两个山区小学捐赠《把班级还给学生》

《优秀教师成长之道》等图书 100 册。10 月 15 日，向贵州省凯里地区丹寨县南皋小学捐赠学生图书 80 多册，价值达 1120 余元……

通过这几本书，我想让青年班主任朋友们看到他们在班主任岗位上独特的收获——正因为他们矢志不渝地把教育当作“志业”，我们才可以领略到他们不断创造和追求的“细雨过后滋润万物，换来一片生机盎然；闲花飘零馨香满天，化作春泥更护花”的美好教育境界……

通过这几本书，我想让青年朋友们感受到他们对班主任工作振聋发聩的感悟——“珍惜班主任工作吧，朋友们，用我们美丽的情感智慧，给学生一个舞台，让他尽情表演；给学生一个机会，让他潜心创造；给学生一些时间，让他自由安排；给学生一个期待，让他自我成长；给学生一种文化，让他自己去感悟接受；给学生一部历史，让他敞开心扉，自由书写。唯有如此，道德教育才会在每个孩子的心灵深处植入美好，这种美好将会像春天的种子那样在爱的土壤内生根、发芽、开花、结果！”“感谢班主任这个职业，我依旧平凡，没有能够成为白天鹅，但是这个职业让我渐渐修炼了一颗淡定的心。在不断地学做班主任中，我收获了成长。”……

通过这几本书，我想让青年朋友们体会到他们对教育的深刻认识——“班主任是用心灵润泽心灵的事业，我们用真心、真性情润泽孩子们的同时，也提升了我们自己生活的质量；班主任是生命不断丰盈的事业，我们在传递生命的正能量、用生命感受生命的同时，也提升了我们自己的生存境界。”“在这个纷纷扰扰的社会中，看到昔日同学商场驰骋，不必心生羡慕；

听说幼时旧友官场得意，也不必暗自嫉妒。作为教师，从事着阳光下最神圣、最无私的职业，难道还不够幸福？班主任要培养与完善学生的人格，使之具备人类应该具有的品质和情感，教会他们正直、诚实、宽容、感恩，教会他们奋斗、坚韧、关爱、善良，教会他们尊重、自信、坚强……太多太多，我们的责任太重太重！单从这个角度来说，教师就是一个神圣的职业，一个美丽的职业！很庆幸，我们拥有这种美丽，所以我们就该拥有幸福的人生！”……

通过这几本书，我想让青年朋友们看到他们对班主任事业的独特奉献——郑立平在全国第一个倡导并组织了以“幸福”为主题的教师研讨活动，第一个以民间团队的形式两次完成了中国教师研修网承担的教育部“知行中国”10万名班主任国培辅导任务，第一个以自发自愿的形式组织了纯民间教师团队的教育公益活动。几年来，他利用寒暑假，走进甘肃、河南、江苏、山西、陕西、贵州等省和山东沾化、曲阜等地，参加多种大型公益活动，给薄弱地区教师捐赠图书1000多册，费用高达三四万元，并且每年都花费几千元帮助30多位青年教师订阅报纸杂志，还无偿为薄弱地区的学校讲课、开设讲座40多场，耐心回复教师求助来信380多封……

通过这几本书，我想让青年朋友们聆听到他们醍醐灌顶的心灵呼声——“路漫漫其修远兮，我将与所有热爱教育的人一起上下而求索。生活自然免不了坎坷，但只要心中向往快乐，酸甜苦辣都可以唱出最美丽的歌。”“十几年的班主任工作让我认识到，一个不做班主任的老师，他的教育生命是不完整的；一个不做班主任的老师，他的教育生命是不丰富的。班主任，一定要站在学生的角度，陪孩子3年，为他们考虑30年，努力成为孩子们生命中‘最重要的他人’。”……

通过这几本书，特别是通过《31位名班主任的精神修炼之旅》这本书，我想让青年班主任朋友们领悟他们精神修炼的深度、广度和高度，郑立平说：“教师身上要有一种亘古般的圣洁气质，要有一种宗教般的承担精神。心中有梦，脚下才有路，我们永远不要停止对自我的完善，对幸福的追逐。”郭玉良说：“教育是诗，也是思。我愿一生都在这条诗与思的河流中徜徉放歌。”郭玉良用她的心灵做教育，她让教育走进了青少年的心灵。以“不做庸师”而闻名于世的常作印说：“作为教师，有思想才有尊严，有思想才有魅力，有思想才有价值。一个没有思想的教师也就没有了教书育人的灵魂，又何以成为塑造人类灵魂的工程师呢？未来的教师，应该成为教育的思想家，能够传播思想并且拥有自己的思想。”……他们云淡风轻，平和平易，不断创造奇迹，也更坚定了他们做精神高贵的追梦书生、让教育走进心灵、让学生心田开满鲜花的决心。

年轻的班主任朋友们，我们应该向这些名班主任学习，坚定地修炼自己的精神，“不以物喜，不以己悲”，淡泊名利，志存高远，摆脱名利的羁绊，在班主任工作岗位上谱写出最美的青春之歌，干一番轰轰烈烈的事业！

请坚定这样的理念：班主任工作是值得奋斗一生的事业，是可以实现人生价值的最佳舞台；请坚定这样的信念：他们今天的高度，是你们新的起点，明天你们会站得更高。

教育需要更多更优秀的班主任，时代呼唤优秀班主任更上一层楼。

和青年班主任交往是我生命中的一首诗、一首歌。这诗是这样优美，这歌是这样隽永。我要用全部生命谱写这首诗，我要用全部心血演唱这首歌。我希望青年班主任朋友们勇于追求事业的成功，追求崇高的目标——做教育专家，做一流的班主任，做享誉全国的名班主任。

让我们与优秀班主任一起成长！

艰辛而幸福的主编生涯

一、担任主编的初衷

为何要担任主编？狭隘地说，我已经“功成名就”，作为业已退休的老教师，与功名利禄没有丝毫关系，应该彻底从班主任的阵地上退下来，优哉游哉地安居晚年，而且，困扰我多年的哮喘转为慢阻肺、肺心病，即使多走点路，也会气喘吁吁，此外，糖尿病也纠缠了我十余年。我有很多理由可以“刀枪入库，马放南山”，颐养天年，不再去做费心伤神的主编工作，或者心无旁骛地写自己的专著。但是我积累了很多资料，有一些写作设想，思考了几本专著。

许多青年班主任视我为真诚的朋友，信任我，鼓励我，支持我；一些一流的教育出版社、教育报刊社支持我，帮助我。这为我给青年班主任朋友做点事情打造了平台，提供了保证。这样的平台，一般人是没有的。这样的平台是难能可贵的，我可以利用这些平台为大家做些事情。可以说，无论是青年班主任还是教育出版机构都相信我不会利欲熏心，不会沽名钓誉，不会损人利己。我就是想做点事情，帮助青年班主任，做架人梯，让他们踩着我的肩膀向上攀登。

有的班主任身处僻壤之地，虽然满腹经纶，有生花之妙笔，有敢于创新的教育思想，有不同凡响的实践，有鸿鹄之志，但是没有机会，没有条件，即使发表一篇文章也是“难于上青天”。（我这里指的是不掏腰包，在正规的出版社、报刊社发表的文章。）有的青年班主任有超人的智慧，却连自己都不清楚；有的青年班主任文笔生花，却不被自己认可……我就是要做启发者、发现者、激励者、引导者……于是我利用得天独厚的条件，在主编这个虚化的职位上兴致勃勃地工作着。我想让更多的青年班主任在我主编的书中崭露头角，显露才华，展示辉煌；我想让我主编的书成为精品，成为畅销书，为支持我的出版社赢得声誉。

做主编的最大困难在于组织高水平的作者队伍。我一贯的做法是：第一，倚仗全国知名班主任、功成名就的班主任做骨干，做招牌，做闪光灯；第二，依靠这些年结交的心有灵犀且富有才华的青年班主任朋友；第三，发动，发现，挖掘，培养名不见经传、默默无闻，甚至没有真正发表过文章，但确实富有才华的初生牛犊。

提起担任主编，我确实是有话可说，而且还不是三言两语就可以说尽的。且听我慢慢道来。

走上教育岗位，长期担任班主任，与十几届处于成长期的学生相处几十年，谁没有成百上千个故事，没有说不完道不尽的酸甜苦辣，没有刻骨铭心的经历，没有为之一生骄傲的成就，没有败走麦城的尴尬……于是谁都会萌生出著书立说的梦想，哪怕是只出一本书记录下自己一生从事的教育事业。我大学上的是中文系，一辈子当班主任，在教书育人的岗位上摸爬滚打几十年，这种愿望更为强烈。因此，在我看来如果不出一本书，就愧对自己。所以，出版一本专著就自然而然成为我的一个梦。

我曾经在农村乡镇中学长期教过农民的子女，但更多的时间是教生活在大都市的孩子。1983 年回到天津，我一直在教育第一线，既教过重点班，也教过别人不愿教的普通班。几十年间与青少年朝夕相处，做他们的师长，更做他们的朋友。我和他们同欢乐，共忧愁。他们是我生命的组成部分，是我生活的主要构成，我尽心竭力地承担着师长、兄长、学长的责任。我设计了一个又一个新颖别致的活动，激励他们树立远大志向，引导他们战胜心理疾患，鼓舞他们克服学习困难，带领他们坚持锻炼身体，帮助他们克服自身的弱点，引导他们陶冶高尚的情操，激发他们的生命活力，和他们一起探讨人生的真谛，和他们携手建设充满温馨、爱意的优秀班集体。我积累了大量的资料，在退休前夕，我终于鼓起勇气写作了自己的一本专著。

十年磨一剑，书是写完了，但能否问世还是一个未知数。出书难，是人人皆知的事情，对一个普普通通的老师而言，更是难于上青天。自费出书，心不甘，而且要兜售自己的“孩子”，心不忍，也不屑。幸运的是，恰在此时教育部推出了“跨世纪园丁工程”，开始了“‘中国特级教师文库’资助出版”行动。经过申请，以及天津市专家审核组审查，我的书稿成为天津市最后确定上报的六部书之一。天津市教育科学研究院张武升院长、邢真所长、和学新博士都为书稿写了热情的推荐意见。我充满了希望，开始等待。2003 年 2 月，我莫名地接到上海一家出版社的来信，告诉我经过严格审查，书决定不予出版。这期间，我尊崇的朱永新先生闻讯索要我的书稿。

2003年4月的一天，我收到一封邮件，打开一看是我望眼欲穿的新生儿——《班主任工作创新艺术100招》，而且朱永新教授将它列入了“新世纪教育文库”。这之前，我见过并购买了“新世纪教育文库”中的《中国著名班主任德育思想录》《中国著名特级教师教学思想录》《中国著名校长办学思想录》，“新世纪教育文库”由朱永新教授任总策划，于光远、王元化、李政道、任继愈、张中行、启功、何祚庥、季羡林、顾明远等泰斗级大师任学术顾问。我的拙作能够跻身其间，真是想都不敢想的事。

在教育书籍低迷之际，这部书是否受欢迎，我心里一直打鼓。如果它像众多理论书籍一样摆在书架上少人问津，甚至无人问津，最后被堆在街头以一本两元或一元的价格出售，那是多么尴尬的事。这样也愧对推荐者和策划者朱永新教授。

这以后的发展出乎我的意料。2003年5月15日，《中国教育报》的《读书周刊》用了较大的篇幅介绍了这本书。教育部关心下一代委员会培训中心的领导从北京图书大厦看到了它，很感兴趣，邀请我为“中小学德育教师培训班”作专题报告，我第一次享受到和朱永新、魏书生、李镇西、成尚荣、吴国通同时被邀请讲学的殊荣。在报告中，我以这本书为主要内容讲了我对“班主任工作艺术性”的理解和追求，受到大家的热烈欢迎。报告结束，许多年轻的班主任上台和我交流，10天后，我接受邀请再次进京，到著名的清华大学附属小学讲学。该校一位网名叫“玫瑰”（事后我才知道这是大名鼎鼎的小学语文特级教师窦桂梅）的网友立即在网上发帖子说：“从张万祥老师娓娓道来的一件件由他‘创造’的教育故事中，我们进行了一次心灵的历程，陶冶、净化、提升了自己的心灵世界。从他叙述自己青灯黄卷、行坐眠食、手不离书的精神境界中，我们懂得了作为教师应该怎样镇镇定定、从从容容地读书，把生命时光托付给高贵的思想和真诚的文章。”

这部书仅仅半年就销售一空。为了与全国更多的班主任交流，我决定在“教育在线”网站上贴出100招，10月7日贴出了第一招后，立即有网友呼吁：“好啊！支持一把。”半个月后，版主应大家的请求，把我业已贴出的14个帖子汇集在一起，起名为“张万祥老师班主任工作艺术”。我的班主任工作创新艺术的帖子在短短半个月中连升三级：由一般帖子变成精华帖子，由精华帖子又升至固定在顶端的主题帖子，进而又升级为首页上本站动态栏目上的帖子。为此，版主陈晓华热情地在网上发帖子说：“张老师的教育艺术系列成为论坛一大景观。”

《班主任工作创新艺术100招》在百花盛开、争奇斗艳的教育园地里仅仅是一朵小小的红花，在大家的关爱中，正飘逸着一丝淡淡的芳香。

《班主任工作创新艺术100招》是我的第一本个人专著，也是我的成名作。由此，我走进众多教育网站，拥有了众多粉丝，开始招收徒弟，开始走上培养、帮助优秀班主任的道路，从而拉开了十几年的主编大幕。

众多优秀班主任尊我为师，我想为他们做点力所能及的事情。我想到，自己已经是德育特级教师，是享受国务院特殊津贴的专家，我有资格、有能力、有责任把青年班主任的教育智慧、教育理想追求展示于天下，为他们树碑立传，等到对他们了解更深刻、更全面时，帮助他们出版专著。眼下可以依靠自己的“名气”，凭借自己已经退休有时间、有精力的优势主编几本书，提供给教育类出版社。对！我要做青年班主任专业成长的阶梯，让他们踩着我的肩膀向上攀登；我要做青年班主任的真挚朋友，为展示他们的精彩而奉献自己的余生。

二、体味到主编的艰辛

说干就干，《教师专业成长的途径——30位优秀教师的案例》（与万玮合编）由华东师范大学出版社出版。2005年10月第一版，2013年8月第14次印刷，入选“中小学图书馆（室）推荐书目”图书，“全国教师教育课程资源”书目。头炮打响，信心倍增。

2008年7月我又在华东师范大学出版社出版了姊妹篇《班主任专业成长的途径——40位优秀班主任的案例》，朱永新先生亲自为这本书写下了《“青春老人”的倾力之作》这篇热情洋溢的序。

我主编的最成功的一本书是《给年轻班主任的建议》，由华东师范大学出版社2006年3月出版，2017年5月第27次印刷，总数为132660册，在当当网上好评超过五千条。2017年5月，根据出版社编辑部的意见，我又对这本书作了大刀阔斧的修订。新的修订版删掉16篇文章（大多是一人多篇的），增添了38位新作者，他们都是享誉全国的知名班主任，在书中以更新的教育视角，更前沿的教育思考奉献出几十年班主任工作的精华。可以说，这个修订版是面貌一新的书。

截止到2017年6月，我总共出版了36本书，绝大部分是主编性质的。其实我已经积累了不少资料准备写自己的专著，可是为了让更多的年轻班主任得到展示的机会，我还是一次又一次地推迟了写作自己专著计划的，而热衷于当主编。

我担任主编并不是挂名，而是要真枪真刀做事情的。

第一步，必须有吸引人的书稿创意。这就要熟悉当前的教育图书特别是德育、班主任研究的书籍市场，为此要博览群书，经常逛图书馆、图书大厦以及网络上的图书市场，如当当网、卓越网等。

对已经出版的30多本自己主编的书中，我特别骄傲的是“班主任百篇千字妙文（妙招）系列”。当时我想，现在青年班主任压力大，工作繁重，每个人都懂得读书的重要性，却总是在书籍面前望而却步，总是以没有时间作为不读书、少读书的借口。“班主任百篇千字妙文（妙招）系列”，每篇文章仅仅千字，8～10分钟就可读完。每本书仅仅百篇，十几万字，很容易挤出时间读完。妙文（妙招）就是精妙、精美、精悍的文章，每本书都集中展示了优秀青年班主任的教育智慧、教育探索、教育创新。每本书，我都向成百上千的优秀班主任征稿，然后从中筛选出最优秀的文章。“班主任百篇千字妙文（妙招）系列”涵盖班主任工作中的若干问题，引起了读者的思考，模仿和创新。这个系列，获得享有盛誉的华东师范大学的鼎力支持，一共推出了12本。2012年10月，《班主任专业成长：100个千字妙招》问世，立即引起关注，被评为中国教育新闻网2012年“影响教师的100本书”，中国教育报“2012年度教师喜爱的100本书”，中国教师报2013年暑期推荐教师阅读书目，并被评为教育部基础教育课程教材发展中心“2013年中小学图书馆（室）推荐书目”。此后又于2013年出版了《班主任生活情趣100篇千字妙文》和《班主任修心养德100篇千字妙文》，2015年出版了《班主任婚姻爱情100篇千字妙文》《班主任教育子女100篇千字妙文》《班主任文化建班100篇千字妙文》《班主任幽默施教100篇千字妙文》，2016年出版了《班主任感悟幸福100篇千字妙文》《班主任男生教育100个千字妙招》《班主任女生教育100个千字妙招》《班级自主管理100个千字妙招》。

第二步，必须赢得教育出版社的支持。这些年我担任主编，都是有了创意，拟好书名，立即争取与出版社签订出书合同，这样就没有后顾之忧，我可以胸有成竹地征稿，作者也可以胸有成竹地写稿。我要特别感谢华东师范大学出版社北京分社李永梅社长，没有她的鼎力支持和全方位指导，就不会有“班主任百篇千字妙文（妙招）系列”12本，就不会有《给年轻班主任的建议》《这样做，教师更幸福》《幸福教师的60个“不”》……此外，中国轻工业出版社万千教育编辑部石铁先生、吴红女士，福建教育出版社北京图书出版中心暨北京八本坊文化传播有限公司执行总监江华，北京源创一品文化传播有限公司总监吴法源、主任张万珠，长江文艺出版社编辑秦文苑等人都是我主编生涯中的贵人。

第三步，广泛征稿。征稿前，我都要用几天的时间撰写征稿启事，征稿启事是作者写作的指南，绝不能有丝毫马虎。征稿启事一定要明确，对稿件的要求、写作的内容范畴和体例、字数的限制、截稿期限，都要交代得一清二楚。最好附上几篇范文。来稿越多，选择的余地越大，全书的质量越有保障。征稿启事还要要求作者提供个人资料，如单位、邮政编码、联系方式等，我往往要做一个作者信息表，把作者的相关信息登记在册，以备日后不时之需。

青年班主任队伍中藏龙卧虎，他们有丰富的教育经验、教育实践，出众的写作才华，只是“养在深闺人未识”。或者是缺乏自信，不敢写稿、投稿。我在网上有很广的人脉，拥有包括徒弟在内的几百人的作者队伍，我还会请徒弟们帮助征稿。“班主任百篇千字妙文（妙招）系列”每本书都需要百篇文章，由于多年积累了一支庞大的作者队伍，所以每本书都有二三百篇来搞，这样就可以精选，编辑出精品。

第四步，阅稿，审稿，修改编辑，这是非常重要的一步，也是显现主编功底的一步。我是中文系毕业的，教的是高中语文，平时爱好读书写作，在教学中，审阅了成千上万篇学生作文，在担任主编前，在教育报刊上发表了几百篇文章，与人合作出版了十几本书，打下了比较坚实的基础。阅稿、审稿时，任何瑕疵都难逃我的眼睛。几十年的磨炼，让我养成了比较过硬的基本功，所以在 2014 年和 2015 年主编出版了四本书，这也算是个小小的奇迹吧！这一步，我是竭尽全力的，每篇文章从标题的拟定，到小标题的选取；从每篇文章的布局谋篇，到每一行是否有错别字，标点符号是否准确无误；从是否有创意有新意，到这篇文章是否是原创……我都不敢掉以轻心。因此，我主编的书往往能够顺利通过编辑部的严格审阅，顺利出版。

每篇文章审定完毕，就进入最后的全书编辑阶段。这也是至关重要的。这一步很费心费力，全书要用一根主线贯穿起来，才能成为一串人见人爱的璀璨的珠宝。一本书有几十篇甚至上百篇文章，怎样编辑在一起呢？有时，我要日思夜想好几天，要高屋建瓴，振聋发聩，启迪心灵，引发思考，高度凝练，语言优美……

以《班主任专业成长的途径——40位优秀班主任的案例》一书为例，我把40位作者的40篇文章，按照作者的年龄以及班主任经历分为五辑——第一辑：摸着五颜六色的石头过河；第二辑：褪尽青涩，走向成熟；第三辑：毛虫破茧方能成蝶；第四辑：思考如何进行“智慧的教育”；第五辑：体会生命绽放的美丽。

再如，我把《幸福教师的60个“不”》中的60篇文章，按照班主任工作应该避讳的问题，分为这样六辑——第一辑：当观念遇到挑战时，不该墨守成规；第二辑：当素养遇到考验时，不该丢失师德；第三辑：在沟通的时候，不该忘记尊重；第四辑：在转化后进生的时候，不该草率从事；第五辑：当需要更新观念时，不该故步自封；第六辑：面对专业成长，不该无动于衷。

2016年年底，我在福建教育出版社出编著版了《31位名班主任的精神修炼之旅》一书，怎样编辑好这31位优秀班主任，我冥思苦想了好几天，忽然灵机一动，何不以年龄为线，于是我这样编辑——第一辑：而立之年，迈上精神修炼之旅；第二辑：不惑之年，夯实精神修炼之旅的根基；第三辑：知天命之年，攀上精神修炼的珠穆朗玛峰。这样，一来紧扣了这本书的主旨，宣传优秀班主任的精神修炼；二来突出了31位班主任的年龄段，给各个年龄段的青年班主任以引导。

第五步，出版后的系列工作。

如果以上属于脑力劳动，那么第五步就是体力劳动了。这个体力劳动在2010年，即我因肺大泡做开胸大手术之前，尤其繁重。全国有千千万万的主编，但是像我这样做体力劳动的可能是凤毛麟角。

书出版后，我要给作者邮寄样书。我事先要到文具市场购买大信封，因为那里可以以批发价买到，便宜。要一一在大信封上写好地址、邮编、姓名……写一个是小事，要写几十个、上百个，就不是小事了。为了保险起见，我要挂号邮寄。要填写发货单，填一个是小事，要填几十个、上百个，就不是小事了。还要把样书一一装进大信封，但是不能封口，因为邮局要一一检查。这个时候，我要用三轮车把书拉到邮局。拉到邮局，爬上几十个台阶，把像小山一样的书搬到邮局柜台等候检查，等检查完，再一一封口。等邮局营业员打单子后，再一一核对。没有一天是办不完这些事情的，而且每次我都要把老伴拉上帮助我完成这项任务。

这确实是繁重的体力劳动，对于年过花甲之年的退休老教师而言，不是一件轻而易举的事情，但是，想到青年班主任拿到样书时兴致勃勃和欣喜若狂的情景，我觉得任何辛苦辛劳都是值得的。

我一直反对自掏腰包发表文章、出版专著，鼓励、支持青年朋友在支付稿酬的教育报刊上发表文章，例如《班主任》《班主任之友》《新班主任》《德育报》……我主编的书都是由享有盛名的教育出版社出版，且都是支付稿酬的。但是，正式出版社支付稿酬往往比较慢，因为审批程序比较复杂。为了让青年班主任早日拿到稿酬，我常常先垫付稿酬。给几十位甚至百余位作者邮寄稿酬也不是一件小事。我要用几天时间，小心翼翼地填写汇款单，然后到邮局办理汇款手续。为了让我少耽误时间，邮局办事员往往让我把汇款单和汇费先交上，回家等待。办事员办好后，给我打电话，我再去邮局领取汇款存根。每次出现一些错误时，我还要到邮局去纠正。

你们看，我这个主编是不是不容易呀？正因为我在诸多小事上认真对待，尊重班主任，爱护班主任，保障他们的权益，所以，青年班主任对我很满意，很信任我，特别支持我，我也可以“一呼百应”。

三、把徒弟推上主编的宝座

近几年，我的身体状况每况愈下，繁重的体力劳动有些力不从心了。好在，填写汇款单有了身边的徒弟董彦旭、王振刚的帮助，而且我的几十位徒弟往往为了减轻我的负担，都自费网购样书。我不再购买样书，不再到文具商城购买大信封，不再填写大信封，不再到邮局汇稿费……这一切都可以在网上办理。到网上书城给作者邮寄样书，利用手机微信发红包转账的方式给作者支付稿酬。我利用现代科技解放了自己。

随着年龄的增长，我想我的主编工作也应该后继有人。做主编是提升徒弟们综合素质的最好方式之一。2017 年年初，经过长时间的磨合，终于与长江文艺出版社签订了《做成功的班主任·实践篇》和《做成功的班主任·修炼篇》两本书的出书合同，我担任总主编，牛胜荣、王莉担任《做成功的班主任·实践篇》的主编，冯婉迪、林志超担任《做成功的班主任·修炼篇》的主编。王莉和林志超都出版过颇有影响的专著，功底深厚，我却安排二人为第二主编，牛胜荣和冯婉迪一时难以出版个人专著，我让她们担任第一主编。其实，我就是想让王莉和林志超帮助牛胜荣和冯婉迪提升。感谢王莉和林志超的大气大度，服从我这一不公平的安排，竭尽全力出色地完成了任务。

事后，王莉在总结中写道："做主编的过程，也是学习的过程。一部书稿，14 万字，几十篇佳作，阅读着、感动着、感慨着、吸收着、进步着，从字里行间能看到大家的爱心付出和教育情怀，能学到很多的教育技巧和教育智慧。"

林志超在总结中写道："品味不凡的教育生活，才能走出不凡的教育之路，创造属于自己的不凡人生。编稿的快乐，在品读中慢慢地蔓延，心中莫名的感动也在悄然涌动。这是自己写作时难以体会的感受，刹那间，感觉心灵的尘埃得以洗涤，精神之花得以绽放。"他感慨万端地说："从春寒料峭的二月开始酝酿，到春意盎然、百花怒放的季节收到征稿，再在即将进入炎热夏季的时候完成编辑，前后将近五个月时间，完成了我人生的一次重塑。人的成长需要高人的指点和督促，回望这五个月的编稿历程，在编辑《做成功的班主任·修炼篇》的过程中，我再次完成了自我修炼。从不愿意到欣然接受，到满心欢喜，到感动满满，再到自我提升，若没有师父的如此安排和督促，这五个月也许就在散乱和空虚中过去了，而现在却是满满的收获，感谢师父，给了我们正能量和满满的激情，让我收获了这个色彩斑斓的春天。"

这两本书于2017年7月初上交给出版社，很快，编辑秦文苑就发来微信说："张老师，两本稿子已经全部看完，确实都是一线教师的新鲜素材和老师的切身感受，好多篇目，我都看得热泪盈眶。有些老师一看就是坚持常年写教学日记的，不然文笔不会那么好，有的老师的文章虽然显得有些稚嫩，但情感真挚，就是那种粗浅的文字，也显得格外朴实动人。从篇章的分类和编辑看得出来，主编老师和您是下了大功夫的。……"这是第一次带徒弟主编书稿的最大收获、最高嘉奖。

我要让主编的岗位后继有人。

我带班的“一手鲜”

我认为班主任工作是一门艺术、一门科学，是一项塑造心灵、传播真善美，把青少年培养成才成人的艰巨工程，绝不会一蹴而就、一举成功，必须竭心尽力，长期潜心研究，持之以恒地实践。由于当今青少年存在“三不”特点（不迷信宣传，不崇拜权威，不轻易服从），这就要求我们不断创新，讲求艺术性，大量开展青少年喜闻乐见的活动。

我有这样一个观点：在教书育人的工作中，要处理好强化与淡化的辩证统一关系。强化，既指强化德育意识，又指强化德育内容。政治方向教育、社会主义道德和行为规范教育都要强化。要下大力气突出抓好政治思想教育工作中的大是大非问题，使广大青少年明辨是非、识别美丑，有清醒的政治头脑，坚定正确的政治方向，并树立建设有中国特色社会主义的共同理想和正确的世界观、人生观、价值观。为此，就要持之以恒、大张旗鼓地对他们进行爱国主义、集体主义和社会主义教育，民主法制教育，开展中华民族优良道德传统和革命传统教育，树立民族自尊、自信、自强、自立的精神，培养自力更生、艰苦奋斗的精神和坚韧不拔的意志品质……这些关系到青少年成长的工作，必须加强，必须花大力气，下大功夫，加大力度。当然，强化不等于老和尚念经，也不是声嘶力竭扯破喉咙说教，还要讲究教育的方法。而淡化就是在教育青少年时，为了使其入耳、入脑，需淡化教育痕迹。要善于运用教育机智，把握教育契机，创造德育情境，坚持巧妙疏导，开展生动活泼的为当代青少年所喜闻乐见的活动。在进行教育时，要克服成人化、口号化、报告式、运动式，努力做到潜移默化，还要淡化教育者的形象，给受教育者更多的尊重、信任、平等与期待，要像受教育者那样感知、体验和思索，要采用以情感人、以理服人、循循善诱的教育方法，真正和受教育者缩短距离，沟通思想感情，切实抛弃以教育者自居的教育意识与教育心态。强化与淡化是矛盾统一的关系。强化就其内容而言，淡化就其形式而言。思想政治工作的内容必须强化，否则就会被削弱、被吞噬，如此我们的德育工作就是一场空；而要达到强化的目的，还必须讲求方式方法，这就需做到让教育痕迹、教育者的形象尽量淡化。内容决定形式，形式推动内容，二者和谐统一，德育活动就会有声有色地开展下去。

古人云："善歌者使人继其声，善教者使人继其志。"法国教育家卢梭说："教育的艺术是使学生喜欢你所教的东西。"德国教育家第斯多惠说："教育的艺术不在于传播知识，而在于唤醒、激发和鼓舞。"苏联教育家苏霍姆林斯基说："造成教育青少年困难的最重要的原因在于教育实践在他们的面前以赤裸裸的形式进行，而处于这种年龄期的人按其本性来说是不愿感到有人在教育他们。"班主任工作的艺术性往往体现在善于抓住教育学生的某一点上——兴趣点，兴奋点，情感点，求异点，变化点，荣辱点，利益点，低潮点，矛盾点，敏感点，闪光点，共鸣点……

育人必须讲求艺术性。无论什么内容的教育都需要艺术性。举个例子来说明。很久以前，法国有一座特殊的监狱，一切都与别的监狱不同。实际上，这是一座辉煌壮丽的教堂，庄严、肃穆。这里除了神职人员外，没有任何看守，只有四周的高墙让人生畏。囚犯们都是经过百般讯问而不得其口供的江洋大盗。他们在这里可以自由自在地做任何事情，伴随着终日不断的深沉的钟声和唱诗班的祈祷。日久天长，一个曾经接受过半年审讯只交代了一桩盗窃案的囚犯，在午夜的钟声绕梁未绝时，突然放声大哭，跑进教堂，在神甫面前忏悔了自己多年前杀人抢劫的深重罪孽。进了这座监狱的人大都是这种结局：宁愿接受法律的判决，也不想终日忍受良心的折磨。聪明的法国人用活生生的事实证明：敲响心灵的钟声，有时比严刑酷律有用。

再举一个距离我们近一些的例子。又是一个花开日，小学校新来的女教师接到一个任务：放学后注意一下校园西南角的花坛，“孩子们放学后会来偷的。”“偷？”21 岁的女教师想象不出校长怎么会对天真烂漫的孩子们用这个词。望着鲜花，她深吸一口气，陶醉在一片清香中。睁开眼却发现一个小男孩躲在墙角探头探脑地张望。“你过来！”女教师招招手，是一个二年级的小男孩。“你怎么不回家？有什么事吗？”“我，我，想要枝花。”“你想要哪枝？”女教师拉着小男孩的手，走到花坛边。小男孩指着一朵很艳的玫瑰。“好，这朵花就属于你了！”女教师说。“但是你准备怎么办呢？如果你把花留在这里，它还能开好几天，别的小朋友也可以看；如果我现在帮你摘下它，你就只能玩一会儿。你打算怎么办？”小男孩想了想说："我把它留在这里，明天我再来看它。老师，您要帮我看好啊！"第二天傍晚，有20多个孩子找她，等着要属于自己的花。他们同小男孩一样，最后都同意把自己的花留在花坛。鲜花盛开最美的一个月，女教师把花坛中所有的鲜花都送给了孩子们，却未发生被偷走的事情。相反，一群孩子放学后总会积极地帮她照看花，一直到深秋，鲜花与绿叶全部枯萎。

如同人无不喜欢艺术一样，天真活泼的青少年更加喜欢教育的艺术。艺术性使思想政治教育散发出艺术的无穷魅力。班主任工作艺术是指班主任娴熟地运用班主任工作规律和美的规律而进行的一项富有创新性的工作方式和方法，它是班主任在工作过程中的思想、作风、知识、能力、情感、技巧等的综合凝聚和外在表现，具体地反映了班主任的全面素质。我认为班主任工作的艺术性主要体现在善于调动青少年的能动性、主动性，充分发挥他们的主体作用。在工作中，善于变单向灌输为双向交流，变围追堵截为巧妙疏导，变一曝十寒为细水长流，变简单粗暴为精雕细刻，变急风骤雨为和风细雨，变耳提面命为循循善诱，以弦外之音、言外之意代替逆耳的训斥。总之，要做到"随风潜入夜，润物细无声"。在设计与实施班级活动时，我们一定要讲求艺术性。

在一辈子只做班主任的历程中，在带班的漫长岁月中，艺术性地大量开展班级活动是我的"一手鲜"。我的成名作《班主任工作创新艺术100招》就是最好的佐证。

有这样一个真实的故事，让我一想起来就心潮澎湃。

2013年11月3日11点许我收到1992届学生，当时在苏州工作的李中伯的一条短信，内容是："张老师，您好！当年您帮我们联系的成都笔友，今天终于见面了，好兴奋！估计我们是唯一一对还在联系的笔友吧！谢谢您。”李中伯告诉我说，她的笔友叫黄静，在公安系统工作，应该是副处长级别了。黄静在微信上她俩的照片下写道：“24年未曾谋面的朋友，陪伴彼此从青葱岁月到不惑之年，从鸿毛传书到BB机到手机到QQ到Email到微信，不曾间断，不曾淡忘，也不曾见面。我未赴津，她未来蓉，却注定在苏州见面。缘来如此……”

李中伯是当年班里的团支部书记，勤奋好学，而且上进心特别强。她完全凭自己的努力成为一家全球连锁的著名酒店企业的中层，她确实是品格高的青年，是我这个为师者的骄傲。

她的这条短信在我心中掀起了轩然大波，20余年世事沧桑，这些学生由刚迈进青年大门到而今的人到中年。可是，他们竟然还记得20余年前的一次活动，一次交往，一次心灵的震动。让我感动至极。

2018年11月30日，就28年前开展的这项活动，就与黄静的交往，我通过微信采访了李中伯，她说了很多与黄静交往的故事：她们经常微信联系，彼此点赞鼓励对方，甚至相约在不同的城市快乐优雅地变老，心念彼此，互相祝福。或者会相约旅行……

28年前，天津的李中伯与成都的黄静读高一时因为一次我设计的“异地通信”活动，友谊流传至今，而且会成为终生的朋友，这是最纯真、最美好、最富有传奇性的一段人间佳话。

我保留了李中伯当年的一篇笔记——

我认为友谊班活动开展得好，不仅因为形式上新颖，而且在实质上确实给了我巨大的动力。这样的机会千载难逢。有时遇到的困难太大，我就想还不如当时不上高中而去上技校呢！可是我在这个班集体里感到快乐，特别是建立友谊班之后，更觉得充实。如果在别的学校，或者别的班级，哪有这样的快乐？再加上和我通信的黄静同学是一个性格开朗，非常值得结交的朋友。我暗自庆幸：有这样的机会，有这样的朋友，真好！

千里互赠“鹅毛”，鹅毛虽轻，情谊却重。友谊班的同学和我们互通信件，必然是个不小的动力。黄静同学写了大中小十张纸的内容，让我倍受感动，其中不仅有鼓励的话，还有像好朋友聊天那样的话，让我激动不已。我的朋友得来不易，她会成为我一生的朋友——哪怕是永远见不到面只能互相通信的朋友！

李中伯

1992 年 1 月 13 日

那时我带的是一个普通班，学习好的理所当然地上了重点班，于是普通班难免成了斗志低沉、精神难振者的集合体。我不甘心，决心点起一把火，让这个班的学生重新振作起来。这把火就是“异地通信”。想想看，相距几百里、几千里的两个班级中素昧平生的同学突然通起信来，他们在信中相识、相知，互相学习、互相激励，岂不可以激起学生自尊、自爱、自强的精神，有利于培养他们关心他人的意识？“异地通信”时学生必定会赞扬自己的学校、班集体、老师，这样势必会增强他们的集体主义精神；“异地通信”时学生必定会赞颂自己的家乡，这样势必增强他们热爱家乡的情感。“异地通信”形式新颖，很容易吸引学生。毫无疑问，这是一个一举多得的妙法，何乐而不为呢？那年，在我的精心策划下，我所带的高一（5）班与远在三千里之外的成都市玉林中学高一（5）班结成了友谊班。两个班级、两个班级的同学通过信件互相激励，互相鼓舞，互相帮助，友谊的彩带将上百颗年轻的心紧密地连接在一起。

根据对方班主任提供的学生名单，我确定自己班重点联系的对象，例如，两个班的班长、团支书为通信对象，布置他们给对方写信，并从中挑选出几封准备在大会上宣读；布置班长、团支书二人合作给对方班集体写信。全班同学兴致盎然地给千里之外的朋友写信，发出友谊的电波。班长、团支书代表全班同学写的信热情洋溢、优美动人。待准备就绪，我主持召开了以“友谊的彩虹，动人的心声”为题的主题班会。8 位同学朗读了写给远方朋友的信：信里有自我介绍，有热情的问候；有对本校的赞颂，有对家乡津门的描绘；有远大志向的表达，有对新朋友的鼓励……班长宣读了给友谊班的信，表达了全班同学的心声。全班同学以热烈的掌声表示赞同。随即，同学们围在讲桌前，在信的落款处、在集体照的背面，郑重地签上自己的名字。主题班会后，这封装有全班 48 颗心的信像鸿雁一般飞向美丽迷人的成都。

不到 10 天，每位同学都收到了远方朋友的来信，他们的兴奋之情溢于言表，教室里飘荡着一股熏人欲醉的暖风。自开展“异地通信”活动以来，班内洋溢着生机，充满了活力，形成了你追我赶、不甘落后的新气象。“异地通信”活动改变了同学们的心态，转变了班风。这一招确实妙，深受同学们的欢迎。赵文武同学说："'异地通信'友谊班活动给我带来了巨大的无形的精神力量，使我更加努力学习，我决心以优异的成绩向远方的新朋友汇报。"赵玉江同学深有感触地说："我们都是年轻人，有着共同的理想和志趣。正所谓'天涯何处无知己'，成都有我们的朋友，泰州有我们的朋友，德州有我们的朋友，苏州有我们的朋友，杭州有我们的朋友……我们的朋友遍天下。为了回报天下的朋友，我们只能奋斗！""异地通信"这一活动取得了预期的效果，演绎出了天津的李中伯和成都的黄静这一持续了近 30 年的情缘佳话。

为了进一步促进异地同学们的友谊，增强他们的体质和战胜困难的信心，那年 10 月，我又精心策划了友谊班异地"象征长跑"的活动。具体设想是：异地的两个班级分别开展为期一个月的冬季"象征长跑"活动，开始与结束的时间完全相同；每个班同学长跑的路程相加等于到对方校的路程长度，在本年的最后一天跑完全程。事先，我专门去信征求成都市玉林中学高一（5）班班主任杨老师的意见。杨老师回信表示完全同意，大力支持，积极参加。我心里有了底，立即成立冬季友谊"象征长跑"组委会，开始具体操作。组委会的主任是体育委员，其他委员还有班长、副班长、团支书和一名体育爱好者，一共 5 个人，我担任顾问。组委会算了一笔细账：天津到成都 1600 公里，折合为 1600000 米，全班 47 人，每人平均大约跑 34042.55 米；如果 12 月以 24 天计算，平均每人每天跑 1418.44 米。算完细账，我们更有信心了，只要有恒心，完成任务不成问题。冬季友谊"象征长跑"组委会还决定以小组为单位，做到统计成果日清周结，每周的周一将本小组的上周成绩上交组委会。

一切准备就绪，全班情绪激昂地盼着冬季友谊“象征长跑”开始的那一天。12 月 2 日早晨，我班全体同学精神抖擞地在操场列队待发。那天刚下过一场小雪，空气异常新鲜。北方的冬天，7 点还未大亮，奔向成都的冬季友谊“象征长跑”仪式开始了。团支书宣读誓词，铿锵有力的声音飘荡在操场的上空。同学们穿着运动服，不畏严寒，笔挺地站立在那里，班内体育健将刘振波高擎红旗，飒爽英姿。我朗声说：“同学们，奔向成都的冬季友谊‘象征长跑’即将开始。你们看见了吗？3200 里之外的成都玉林中学高一（5）班的同学们此时此刻也在待装出发。我和他们班的班主任杨老师商定我们两个班都于北京时间 7 点整鸣枪开始象征长跑。现在这一时刻即将到来，让我们迈着年轻的步伐跑向成都，跑向新的一年，跑向未来。在象征长跑中，我们比速度、比耐力、比毅力、比友谊、比学习、比品德，我们要用青春、热血报效伟大的母亲——祖国。今天下雪了，下雪何足惧？今天天冷，天冷何足惧？我们要跑 3200 里，就是跑 1 万里，跑 10 万里，何足挂齿？‘万水千山只等闲’，不到成都非好汉！现在已经 7 点，我宣布‘象征长跑’开始！”随着清脆的号令枪声，全班同学迈着矫健的步伐，向成都挺进。“一——二——三——四”响亮整齐的口令声响彻天空，震耳欲聋。一个月中“象征长跑”活动有声有色地进行，两个班级、两个班级的同学通过信件交流参加“象征长跑”的体会，传播“象征长跑”中的美好瞬间。

一个月后，两个友谊班各自跑完全程。我又召开了结业式，进行了全面总结。进入新的一年，周建军、周立强、周松、王佳、王军等同学仍然每天坚持长跑锻炼。下大雪了，仍在坚持。操场雪地上留下了他们坚实的脚印。我看到坚强的意志已经在同学们的心中深深地扎根，看到青少年在茁壮地成长，心里像喝了蜜一样甜。我相信我的学生在今后漫长的人生道路上会永远信心百倍、斗志昂扬地跑下去，胜利地跑完一个又一个“两万五千里”。

这次活动后，我在工作笔记本上总结道：“象征长跑”是传统项目，我却让它焕发青春的光彩，加重感情色彩，把它与异地友谊班活动、与意志品质的培养有机地结合在一起，赋予它新的生命。德育工作中，传统项目完全可以利用，但是一定要创新，绝不能旧瓶装老酒，更不能新瓶装老酒。只要创新，旧的形式也可以利用；缺乏创新，新的形式也会成为老面孔。需知，创新是德育工作的灵魂，也是德育工作的法宝。

时隔 20 余年，“异地通信”“象征长跑”活动还活在学生的心中，活在我的心中。这些活动活在过去，活在当下，也会活在明天、后天，活在永恒中！

开展“异地通信”和“象征长跑”活动取得成功，有力地说明了德育工作要创新。教育是永远年轻的事业，年轻的事业必须不断注入新的内涵、不断采用新的方法、不断使用新的信息，才能保持年轻的生命力。班主任工作不断创新，才能富有魅力。青少年求新求异，我们只有不断引进“活水”，才会让他们喜闻乐见。

再举一个真实的案例。新的时期，青少年的偶像崇拜发生了偏颇，为此我开了一个形式新颖的主题班会。

有一年新学期开始，我接手了一个新班。在班会上进行了一个“你所崇拜的人物”的问卷调查。始料不及的是，有的学生崇拜的人物竟然是秦桧、希特勒。

当代学生崇拜走向多元化，昭示出学生思维的活跃与思想的开放，但同时，其间也或多或少地隐匿着某些不健康的思想。我并没有简单地对这些崇拜失向的同学进行批评，甚至没有在这次班会上提及此事。我不想让思想教育与单调说教在同一个平面上滑翔，而是考虑如何让思想教育“润物细无声”般地飞进学生的心里。

经过精心准备，在一节班会上，我首先给学生讲了一则历史轶事。一天，秦桧的一个后人与朋友同游西湖，游到岳飞庙，看到呈跪态的秦桧夫妇塑像为千夫所指、为万人唾骂的情景，不禁吟出两句诗：“人从宋后少名桧，我到坟前愧姓秦。”

整个教室里鸦雀无声。

我趁机提出问题：“秦桧屈膝投降、丧权辱国、为虎作伥，陷害忠良，是民族的罪人、历史的罪人。现在我命令你崇拜他，你干不干？”“不干！”学生异口同声地回答。

我随后又逗趣地说：“秦桧的后代都为自己的前人感到无地自容，我们和秦桧不沾亲不带故，为什么非要甘心代他挨骂呢？”教室里一片笑声。

紧接着我又把话题引到希特勒身上：“希特勒是哪位同学的海外亲属？”学生不由得大笑起来。“是的话，可千万别六亲不认呀！”学生笑得更大声了。

“看来，我们中间没有。大家与希特勒更没有血缘关系，为什么要自作多情地崇拜他呢？”学生又大笑起来。

这时候，学生被动接受教育时的戒备心理已经悄无声息地解除了。我感到火候已到，略一沉默，严肃地指出：“崇拜谁，是每个人的自由，但有自由不等于不要原则。我们的原则就是看这个人对历史、对人民的态度。反对人民、阻碍历史前进的是千古罪人，即使他有某方面的才能，也万万不能崇拜！”讲到这里，我又说道：“希特勒是一个杀人狂，屠杀了600万波兰人、400万苏联人、50万吉卜赛人……他甚至连本国同胞也不放过，1939年9月1日他签署了在德国清除病员及残疾人的指令，一年间10万德国人被杀戮。”听到希特勒这些令人发指的罪行，崇拜希特勒的学生不由得自悔自愧起来。

最后，我总结道：“偶像崇拜是一种心态，是心有所属的精神寄托。健康的偶像崇拜使人获得精神力量，受益终身；不健康的偶像崇拜，会使人产生不切实际的幻想，导致精神意志的颓丧，误人一时甚至一生。同学们，我们千万不要做希特勒的信徒、秦桧的孝子贤孙；我们要以周总理、爱迪生、居里夫人等无产阶级革命家和杰出的科学家为榜样，为社会的发展进步作出自己的贡献。”

这时候，学生情不自禁地点着头。

我认为，个别学生崇拜历史罪人虽系思想认识问题，错误的根源未必严重。他们或认为凡是有才能的人、不同一般的人就值得崇拜；或标新立异，追求不同凡响；或辨别是非的能力不强，思想认识出现问题……凡此种种，不能无限上纲和大惊小怪，也不能操之过急或简单说教，而应当入情入景入理地将学生引进“道法自然”的教育园地，让其心悦诚服地与自己过去错误的崇拜情结告别，且无思想负担地走到一个正确崇拜的阳光地带。

在我近30年的班主任生涯中，类似的活动开展的很多，在我的成名作《班主任工作创新艺术100招》中记载了我当年开展的许多类似的活动，产生了很大的影响。

近30年开展班集体建设活动的经验，让我认识到以下几个道理：

第一，一定要多多开展班集体活动。

班级活动是创造性地建设班集体的最重要的组成部分和内容。开展班级活动的根本目的是更好地育人。丰富多彩的活动促使学生提高认识能力，提高实践能力，促使学生学会“做人”。班级活动可以提高青少年的素质，增长其才干；开展班级活动有利于发现人才，挖掘其潜力，促使青少年健康而茁壮地成长。反之，我们不去开展班级活动，一门心思地在书本里遨游，那么，青少年就看不到“大江东去”，也看不到“小桥流水”，他们的聪明必会被泯灭，才智必然遭扼杀。开展班级活动与教学活动一样不可或缺。北京师范大学教育学部教授肖川说：“如果一个人从未感受过人性光辉的沐浴，从未走进过一个美好而丰富的精神世界，从未读到过一部让他激动不已、百读不厌的书，从未苦苦地思索过某一个问题，从未有过令他乐此不疲、废寝忘食的活动领域，从未有过让他刻骨铭心的经历和体验，从未对自然界的丰富与多样产生过深深的敬畏，也从未对人类所创造的灿烂文化发出过由衷的赞叹……那我们就可以说，他没有受到过真正良好的教育。”

班级应该成为一方沃土，班级应该成为一池活水，班级应该成为一座圣坛，班级应该成为一间画廊，班级应该成为一处高炉，班级应该成为一个摇篮，班级应该成为一个家庭，班级应该成为一个乐园，班级应该成为一个竞技场……

第二，班主任要有“一手鲜”。“一手”不是多手，不是人云亦云，这里指的是独创性、独特性。“鲜”要更鲜活、更鲜亮、更鲜美、更鲜艳、更鲜嫩，更有鲜味。

对于教学而言，教师要有“一手鲜”。在找准自己优势长处的前提下，选取教学的某一点或某几点，别出心裁，刻意创新，使其成为你有别于他人的旗帜，并让自己成为这方面有独到之处的专家，然后再推而广之，成为这个学科的专家。对于班主任工作而言，班主任也要有“一手鲜”。班主任工作涉及方方面面，抓好教学，这是班主任的立足之本，班级学习一团糟，班主任就没有发言权；抓好德育工作，德育工作涉及班集体纪律建设，班集体文化建设，班集体劳动意识教育，班集体心理疏导，班集体后进生的转化，班集体活动的策划开展……可以说是千头万绪，我们不能眉毛胡子一把抓，不能把什么都作为重点进行研究，必须有自己的“一手鲜”，从某一点上下大功夫，取得经验后，再扩大研究领域。这“一手鲜”必须有自己的创意，与众不同，成为你可以雄傲天下的资本。

常怀一颗感恩之心

在我居住的小区，一栋楼的一层有一户人家，窗外是一片绿地，有几棵果树，果子快成熟了，这家人在果树枝杈上挂了一块硬纸板，上面赫然写着：“私人摘种，不得采摘。若要采摘，全家得癌。”我们有义务为社会做好事，却没有权利诅咒别人。我们如果不能给他人送去温暖，也不能制造事端让别人不舒服，让别人痛苦。我们每个人都要敬畏社会，敬畏大自然，敬畏每一个生命。我们每个人都要常怀感恩之心，也许我们没有能力回馈社会，没有力量报答他人，但是绝不能与人为敌。我们要与人为善，绝不能与人为恶。

我一直信奉这样几句关于感恩的话：“人活于世，短短几十载，要懂得感恩，没有什么是理所当然的，也没有什么人是理应为我们付出的，即便是我们的父母。学会感恩，用感恩的心去感动那些真正为我们付出的人，用真挚的感情去回报那些一直在为我们奉献的人。世道轮回，因果循环，行善积善，才可得善，遇善！”“快乐属于知足者，幸福属于感恩者。用平常心对待生命的每一天，用感恩心对待眼前的每一个人，快乐就会不请自来。懂得感恩的人，遇到祸也可能变成福；只知抱怨的人，碰上福也可能变成祸。顺境中学会感恩，逆境中心存喜乐。”“心怀善念，能利人；心怀感恩，能利己。学会换位，人生才有和谐；知道感恩，岁月才有温暖。”……是的，感恩是一份美好的情感，一种健康的心态，是一种良知，一种动力。有了感恩之心，才能朋友遍天下，才能驱散心中的狭隘与邪念，包容万事万物，给人间带来温暖和美好。感恩，是生活最好的滋养，是内心强大的能量。因为感恩，所以知足；因为知足，所以喜乐。在感恩中消融是非烦恼，在感恩中让世事圆满。我时时提醒自己，要记住别人的“滴水之恩”，要有一颗宽容的心和一种崇高的境界。记住人生历程中曾经帮助过自己的人，也记住生活给予自己的每一缕善意的微笑，或者每一份源于心底的感动。永远以一颗感恩的心立足于人世间。

一、它承载着太多的感恩之情

经历的事情越多，年岁越长，就越懂得知恩图报，就越掂得出感恩这两个字的千钧重量。经过多年的期许与筹划，2018年10月19日至21日在天津召开了“全国首届张万祥师徒班主任工作艺术高峰论坛暨未来班集体建设研讨会”。为了迎接这个大会，我回顾了自己一辈子做班主任，尤其是退休后15年间的生活与工作，特意编辑了没有书号、没有版权页、没有正式出版、自费印刷的《张万祥专著概览》一书。我把退休后正式出版的36本书的封面、目录、简介集中在这本书里，共221页。10月19日上午我在这次研讨会上所作的主题发言“敬畏教育，给年轻班主任的建议”就是紧紧围绕这本书展开的。

我首先拿起这本书，说的第一句话就是：“感恩，知恩图报是中华民族的优秀品质之一。我们要把感恩两个字深深镌刻于心，融化在血液中。”接着我说：“我要感谢朱永新先生，他是我教育生命中的贵人。他帮助我出版了《班主任工作创新艺术100招》，由此我开始逐步成为全国知名班主任，才有了网上收徒这一前无古人的创举。2003年9月间，他引导我走进‘新教育’。……十几年间，他一直热情慷慨地帮助我，指导我。我比朱永新先生大15岁，一向尊称他为‘先生’。他永远是我的先生，我们师徒群的先生。”接着我款款讲述了朱永新先生帮助我出版第一本专著的故事，介绍他带领我走进网络，走进“新教育”，讲述他激励我网上收徒，进行史无前例的网上考试，从而开始了培养青年班主任、帮助青年班主任走上专业成长快车道的故事。

感恩朱永新先生拨冗为我主编的《班主任专业成长的途径——40位优秀班主任的案例》写下热情洋溢的序言——

序：“青春老人”的倾力之作

朱永新

天津的张万祥老师写来一封信，高兴地告诉我，他主编的《班主任专业成长的途径——40位优秀班主任的案例》即将由华东师范大学出版社出版。他自豪地说：“书中的40位优秀班主任几乎是‘教育在线’的活跃分子，他们把自己专业成长的故事栩栩如生地记载下来。”同时，希望我能够为这本书写一篇序言。

我无法拒绝张老师的要求，最重要的原因是，张老师是被我“拖下水”的。我的博士生李镇西曾经介绍说，张老师是全国非常有影响力的优秀班主任，是一个把教育当作自己的宗教、勤于读书、善于思考的老师。在他退休以后，我们才有缘相识，大有相见恨晚的感觉。于是，我邀请他到“教育在线”网站来帮助年轻教师成长。他不仅来了，而且成为“教育在线”最亮丽的一道风景线。他把自己多年收集的资料无私地放到网上，与年轻教师们一起分享；他在网上招收徒弟，一些追梦的年轻人执弟子礼在他的精心呵护下神奇地成长；他的班主任研究著作一本本地闪亮登场：从《班主任工作创新艺术100招》到《破解班主任难题》，从《教师专业成长的途径——30位优秀教师的案例》到《给年轻班主任的建议》……让我们看到了一个激情燃烧的“青春老人”的形象！每天早晨，我们差不多都会在“教育在线”上“见面”，在敲击键盘的时候，我们差不多可以听到彼此呼吸的声音。但是我不敢轻易地打扰他，只是心怀崇敬地品读他的文字。往往是张老师首先问候我，有时候这让我不安。去年教师节，我曾经收到他的一条短消息：“您把窗儿打开，我的祝福会随着风儿飘进来；您把窗帘拉开，我的祝福会随着阳光射进来；您把手机打开，我的祝福会随着铃声响起来！教师节快乐！”面对这样的老人，我感动、感激还来不及，根本没有拒绝的理由。

另外一个原因，是我太喜欢书中的40位作者了。万玮、陈晓华、丁如许、王立华、王开东、李迪、许丹红、吴樱花、郑学志、朱国红……一个个熟悉的名字，他们几乎都是“教育在线”的网友，都是活跃在“班主任论坛”

的一线教师。万玮老师的《班主任兵法》、陈晓华老师的《怀揣着希望上路》、王开东老师的《非常语文课堂》等，都是我曾经阅读过的。

40篇精心写作的文字，就是40个精彩的故事，40首教育的诗歌，40篇生动的教育叙事。在这里，我们看到了刚刚上岗的班主任，如何“摸着五颜六色的石头过河”；看到了工作6年到10年的班主任，如何“褪尽青涩，走向成熟”；看到了担任班主任11年到15年的班主任，如何“毛虫破茧”化蝶飞；看到了担任班主任16年到19年的班主任，如何进行“智慧的教育”；看到了经过二十几年磨炼的班主任，怎样“体会生命绽放的美丽”。这些故事的主人翁也几乎都是张老师的徒弟或者朋友，张老师对于他们文字的厚爱甚至超过了对自己作品的珍惜。他告诉我，他用了几个月的时间阅读与整理这些文稿，自己也被深深地感动了。他骄傲地说，这些班主任，才是他晚年最得意的“作品”。

最近几年，教师专业发展的问题受到了空前的关注。“新教育”实验认为，教师专业发展是通过专业阅读、专业写作、专业发展共同体的“三专”来实现的。班主任的专业成长其实也是如此，透过这本书的许多故事，我们也可以看到，几乎所有的优秀班主任，都是经历了阅读、写作和专业发展共同体的过程成长起来的。这也许是张老师的这本书给大家的重要启示。

2008年6月25日夜于北京

其次，感谢教育出版社、教育报刊社，他们热情支持我和我的徒弟，我们师徒群在全国著名教育出版社出版了165本书，在教育报刊上发表了几千篇文章。

在《班主任之友》“三十年三十人”纪念活动中获得表彰的30人中，我们师徒中共有6人——张万祥、李迪、郑立平、梁岗、郑学志、林志超入选，这是《班主任之友》杂志对我们师徒群的厚爱。全国一些在出版教育类书籍方面的知名出版社对我们师徒也是一直鼎力支持。他们的领导是我们的知心朋友，有的已经成为我的忘年交。例如，华东师范大学出版社北京分社的李永梅社长、编辑部杨坤主任，中国轻工业出版社万千教育编辑部主任吴红，福建教育出版社北京图书出版中心暨北京八本坊文化传播有限公司执行总监江华，北京源创一品文化传播有限公司总监吴法源、主任张万珠，长江文艺出版社的秦文苑……在华东师范大学出版社北京分社社长李永梅的全力支持下，我主编出版了“班主任百篇千字妙招（妙文）系列”丛书，已经出版的有《班主任工作艺术：100个千字妙招》《班主任专业成长：100个千字妙招》《班主任生活情趣100篇千字妙文》《班主任修心养德100篇千字妙文》等12本书，这应该算是教育出版中的奇迹。教育报刊社、教育出版社，确实是我们师徒教育生命成长的贵人、恩人。

第三，感谢我的徒弟。感谢年轻有为、才华横溢的徒弟们，他们总是在我有需要时一呼百应，奉献出智慧、才华，交出精品文章，让我主编的书能够保证高质量、高水平，受到出版社的欢迎，得到读者的青睐。

第四，感谢我的作者团队的朋友。在全国我拥有几百位写作团队的精英们，他们奉献出才华和智慧，写出一篇篇精品，让我主编的书受到读者的青睐和欢迎。

第五，感谢曾经讽刺、挖苦、打击我的人。是他们以另外一种方式激励我，鞭策我奋力前行。有这样一段非常经典的话："感激诽谤你的人，因为他成就了你的忍辱；感激攻击你的人，因为他洗刷了你的罪恶；感激伤害你的人，因为他化解了你的苦毒；感激侮辱你的人，因为他填平了你的地狱；感激诬陷你的人，因为他巩固了你的戒律；感激驱逐你的人，因为他成全了你的出离；感激折磨你的人，因为他拓宽了你的净土。"

二、在只做班主任的一辈子中，贵人群星灿烂

人生弯弯曲曲水，世事重重叠叠山。生活中，坎坷与诱惑并存，我之所以能一路向前，贵人的帮助功不可没。在我的教育生命史册中，许多人都是我的贵人。没有他们持之以恒、全心全意的帮助，就没有我教育生命的春天，更不会有我退休后教育生命的第二个春天。

我的教育生命中，贵人群星灿烂。

丁熔、丁如许、王宝祥、王永江、石铁、任小艾、李镇西、李永梅、李武、江华、朱永新、朱寅年、吴红、吴法源、杨坤、张万珠、周正旺、周芳、赵福江、陶继新、蒋丰祥、盛海辉、曾宪波、雷玲、熊华生、魏书生……他们都是中国班主任舞台上重要的角色，且以各种方式无私地帮助我。

陶继新亲自采访我，写出《生命在德育探索中升华——记享受政府特殊津贴专家张万祥老师》一文，雷玲以《网星张万

祥》为题在2005年2月28日的《现代教育版》上用一整版的篇幅刊登了采访我的专题文章。赵福江总编、周芳副主编的《班主任》杂志曾经在2009年第五期到2010年第四期连续发表了《做一个有追求的班主任》《做一个持之以恒的班主任》《做一个敢于创新的班主任》《做一个"将班主任工作作为主业"的班主任》……总题为《班主任提高专业素质漫话》的12篇文章。2018年10月26日,《教师博览》的周正旺给我发来微信:"张老师,欢迎介绍高徒给我杂志投稿,或者介绍给我们做封面、封二专题。"《教师博览》享誉全国,我当然要为徒弟抓住良机,我立即推荐三位徒弟做封二教育人物。11月伊始,两位徒弟交稿,刚刚过去一个星期,周正旺先生就通知我文章将发表在2019年的第一期、第二期、第三期上。这是对我们巨大的支持和鼓励。2018年年底我把《一辈子只做班主任》的文章发给周正旺先生,他立即安排发表。

我刚刚走上班主任专业化之路时,默默无闻,名不见经传,这时许多朋友给予了我巨大的帮助,为我搭设了发展的平台。

《天津教育》副编审杨连山先生帮助我发表了第一篇教育论文《班主任工作要有针对性》。这是一篇发表在《天津教育》1988年第四期上的文章,接到样刊时我手舞足蹈、欢喜欲狂,现在想起来都觉得幼稚。以后他又指导我修改文章,连续发表十几篇,还吸收我为他主编的几本书的作者。我写的第一篇文章非常稚嫩,参加写作的几本书,自己的水平也非常低,但是杨连山先生没有嫌弃,而是热情指点修改,我把他看作是我的引路人。

还是在我水平比较低,没有什么影响力的情况下,天津教育局德育处的赵瀛洲处长、刘政彤副处长极力推荐我申报德育特级教师，事前，我没有送一分钱的礼；事后，我请他们吃饭，怕我难堪，他们勉强同意了，什么菜便宜点什么菜，酒水饮料一律不要。退休后我的身体每况愈下，不敢惊动他们，2018年10月好不容易联系上他们，“功成名就”的我请他们吃饭，他们也是要求点一些豆腐、白菜类低廉的菜品。见面时我郑重其事地为他们送上《张万祥专著概览》一书，以示感恩之意。

苏霍姆林斯基的教育巨著以其经典性、全面性、现实性、尖锐性、实用性、深刻性成为一座“教育丰碑”，显示了强大的生命力，成为当之无愧的“教育百科全书”，成为全人类共同的、宝贵的教育财富。作为一名在教育岗位上工作了40余年的老教师，我深知苏霍姆林斯基教育思想在我国广大教师中的深远影响。几年间我潜心阅读《苏霍姆林斯基选集（五卷本）》等相关著作，后来萌生了选编“苏霍姆林斯基教育名言”的想法，试图为教师提供“苏霍姆林斯基教育思想”简读本、精华本，填补教育经典理论出版的一项空白，让广大教师在紧张的工作之余可以聆听大师小语，体味教育情结，激发教育灵感，反思教育行为，提高理论素养，引发深层思维，生发教育智慧，提升教育质量。于是，我披星戴月、日夜兼程地投入精选“苏霍姆林斯基教育名言”的工作。历时三年，通读三遍，精心摘选2000余条，反复斟酌，筛选，最后确定了1000条。这本书有155个小标题，分为19编，定名为《苏霍姆林斯基教育名言》。其实，我走的是充满艰辛的再创作之路。编写这本书，我是战战兢兢，如履薄冰，唯恐有悖于苏霍姆林斯基的教育思想，脱离了苏霍姆林斯基教育经典著作的精华，所以，不敢有一丝一毫的马虎。北京悠缘华夏文化传播有限公司、天津悠缘华夏教育科技有限公司董事长、总经理蒋丰祥主动联系我，帮助我于 2008 年 1 月在天津教育出版社出版了《苏霍姆林斯基教育名言》和《优秀教师教育名言》两本书。

在我专业成长中值得大书特书的是我有幸成为国家级班主任培训专家，这要归功于《班主任之友》的副主编熊华生博士。当年我走出学校，走出区，走到了全市，但是还没有走到全国，2007 年教育部要加强班主任培训工作，由教育部师范教育司和基础教育一司规划指导，中国教师研修网组织编写的《中小学班主任案例式培训教程》共有 6 册，48 个专题，每个专题由教育主题、核心问题、案例故事、拓展案例、相关资料、对话班主任、对话专家、综合评析、学员作业 9 部分组成。教程从班主任日常工作情境出发，关注班主任工作细节，围绕典型案例中的关键教育事件，进行多角度的理论与实践的对话，引导班主任学会复杂性专业思考，亲切生动，引人入胜。尤其是丛书中提供的 48 组具有故事性、丰富性、教育性和开放性的案例，为班主任同行处理或解决各种问题提供了思考的空间。熊华生先生力荐我成为教育部特聘专家，其中王宝祥教授、陈爱苾教授、熊华生教授、齐学红教授、吴增强教授，周卫教授为主要负责人，只有我是一名普普通通的班主任。我感到无比荣幸。《中小学班主任案例式培训教程》最后于 2009 年 7 月由教育科学出版社出版。我主编的是其中的一本——《专业发展梦之旅——做一个专业的班主任》，这本书立足于班主任的专业发展，以案例为基础，从班主任在日常班级管理中经常出现的一些有代表性的问题入手，对话一线班主任和教育领域的专家，从实践和理论两个层面进行研讨，全面讨论了做一个专业的班主任所涉及的8个方面：沟通能力、读书习惯、写作习惯、总结反思、职业道德、实践智慧、应对挑战、网络技能。

还有一件很小的事情，让我终生难忘。在主编20多本书的过程中，我结识了全国各地几百位优秀教师，在承德市特殊教育学校工作的刘振远就是其中一位。2014年他组织学校的残疾孩子向我问好。当我看到他发来的视频，几个高低不一的孩子，羞怯地用不太清楚的发音大声喊出“张老师，您好”的问候时，我仿佛听到了天籁之音。刘振远老师用这种方式表达对我的谢意，教育孩子们要知恩图报。

三、真心回报生命中的贵人

要记住别人的“滴水之恩”，用一颗感恩的心去对待别人，你将会发现，生活中多了欢笑、快乐、真诚，少了虚伪、欺骗、伤害。

应该以涌泉报答贵人恩人的大恩大德，但是我觉得这过于世俗化、低趣味，贵人最需要的报答是看到我们的专业成长，看到我们的心灵日趋清澈，看到我们把光和热传播给更多的人。我念念不忘他们的恩德，时刻不忘用自己的成长带动其他年轻班主任的成长来答谢他们。

只要用一颗真诚、感恩的心看待世界，就会发现我们生命中的确有很多贵人，有很多值得我们感激的人。

2010年5月间，我患上比较严重的肺大泡，肺叶不能自如舒张，呼吸困难，几经周折，最后确定到天津市胸科医院动手术，幸运的是这次手术由年富力强、手术技术高超的孙大强博士操刀。因为病情复杂，手术做了5个多小时，最终手术非常成功。孙大强博士不仅医术好，而且医德高，恢复期间，他每天多次到病房嘘寒问暖，检查术后伤口的愈合情况，即使是下雨天和外出开会，他晚上都要到病房，探望他做过手术的患者。所以，从动手术的2010年起，每年过年过节时，我都要给他发短信、发微信致以感谢之情。

2017年1月19日是阴历腊月二十二，第二天就是小年了。家里的桶装水空了，中午时分，送水工老刘来送水，他是个平时少言寡语的40多岁的汉子。送水工特别辛苦。我住在一楼还好，有的人住在四楼、五楼、六楼，送水工要一层一层往上扛，一桶水有40斤重，成年累月送水，的确不容易。我很心疼他们，也很敬佩他们。平时穿不上的还不算特别旧的衣服，就送给他们。老伴说："旧衣服人家要不要？"怕伤他的自尊心，于是我在送衣服时说："送您两件工作服。"老刘把水桶装好，我递给他一个塑料袋，里面是我早就准备好的装有二三两金骏眉茶叶的大红色的比较精美的茶叶罐，我说："这就过年了，送您一个小礼物，谢谢您一年来给我们送水。"他非常高兴，咧开嘴微笑，我觉得他出门的步履也轻松了一些。

我有肺心病，长期离不开氧气罐。过去，由儿子开车到十几里外的医大二院去换，后来儿子到北京工作，就由女儿接班。这样过了六七年。后来听说我们的社区医院有换氧气罐服务站，原来的旧瓶也可以用，只要打个电话，一会儿就送到家。这实在太方便了，减轻了女儿的负担。我一个星期要用一罐，送氧气罐的小李每次都是笑眯眯的。我也送给了她一罐茶叶，送上我的感谢之情。

2018 年 11 月 3 日是我和老伴到三亚过冬的日子，我提前几天准备好一点小礼品，送给送水工于师傅、送氧气瓶的小李，再次对他们一年来的辛勤劳动表示感谢。

我在微信上讲述了这件小事，号召我的徒弟们也这样做，并且写道："这样的小事，如果大家都做一做，世界便会春意盎然。我们要从点滴做起，从小事做起，从每个人做起，以一颗感恩的心服务社会、服务大众，报答生命成长中的贵人恩人。感恩，是一种生活态度，是一个人人品的试金石，是每个人在人生道路上不可或缺的品质……常怀感恩之心，以德报德，知恩图报，才能够潇洒坦然地在人世间走一回！"

我把小文发到朋友圈，大家纷纷赞扬。安家铨特别打来电话，表示赞赏。韩素静第一个发帖："师父大爱，我辈楷模，感恩师父，感恩。"徒弟郭玉良说："亲爱的师父，温暖就在细节之处！以您为榜样，今天我也给每天为我们这栋楼拖垃圾的胡师傅送一袋红枣！"徒弟王新国说："大爱无小事，事事有大爱！师父是我们的榜样！"西藏林芝中学的高飞写道："张老师，您总是这样。不知为何，读完竟然流泪了，心里暖暖的。"过去的学生李中伯说："送人玫瑰，手有余香。"重庆的吴小霞写道："向张老师学习！感恩在心头，报恩在行动，让自己的感恩看得见，给别人快乐，也让自己幸福！"李璟写道："善良的老人，感恩的心，温暖了整个冬天……"李富华写道："一个让人温暖的茶叶罐。"徐大军写道："向张老师学习，永怀感恩的心，活出精彩的自己。"半天就有 34 人阅读。

给送水工、送氧气罐的人一罐茶叶，是微乎其微的小事，却给生活工作在底层的他们带来了一点温馨，一丝阳光。这样的事情，我要坚持做。活到老，做到老。

书房是动力源

我们生活在物欲横流、崇尚物质享受的时代，要想淡泊名利不是一件容易的事情。改革开放打开了人们的眼界，提高了人们的生活水平。随之，人们的生活习惯也发生了变化。传统的勤俭节约品德被很多人丢弃，讲排场、摆阔气之风甚嚣尘上。小车要豪华，穿戴要名牌，吃喝要排场，住房装修要上档次……我的心也蠢蠢欲动，也想讲排场求阔绰，新房装修求豪华，但是，没有经济实力。我们夫妇两个都是教师，工资不高，两个孩子正在上学，花费不小。想高消费，心有余而力不足。我家是我们学校全体教职员工中最后一个买黑白电视机的，最后一个换彩色电视机的。1989 年儿子考上大学，我们第一次买了火腿肠庆贺。

那段时间，我心里的追求和实际生活水平形成了尖锐的矛盾，自己也是痛苦万分。何去何从？我后来想，人们追求物质，很大程度上是给别人看的，是不想在这方面输给别人的心理在作怪。人们的生活往往有两大误区：一是生活给人看，二是看别人生活。似乎正是因为自己无法证明自己的幸福，才需要用别人的眼光来证明，其实这是一种虚荣心和自卑心理在作怪。而且，物欲无穷尽，欲壑难填，如果一味地追求物质，就意味着永远没有满足的时候，永远陷在物质中不能自拔，心灵永远不会安宁和安定。相反，生活越接近平淡，内心越接近炫丽。人生在世不容易，应该珍惜该珍惜的一切，放弃应该放弃的一切，把握应该把握的一切，享受能够享受的一切。一个人一生之中最值钱的东西不是金钱财富与名利权势，而是涵养、修为和素质，这些直接折射出一个人的品行，能证明一个人是不是值得信任，是不是一个好人。我终于明白了一个道理：舍得物质享受是快乐，放下物质享受是幸福。山山水水，皆是一来一去，人生无常，心安便是归处。做人必须舍得放下物质享受，才能收获更多的快乐与幸福。不忘初心，方得始终。要看到自己的优势，找到属于自己的位置，不必去和任何人比较物质享受，走好自己的路。合理规划自己的人生旅途，脚踏实地，一步步向前迈进，开创出自己的一片天地！

我把这句话当作自己的座右铭：在干事业的过程中，不要过多地追求物质，不要被外在的条件困惑、束缚。人不能成为物质的奴役，眼光瞄准前方，一心一意地奋斗，才有可能获得成功。过分、无休止的物欲追求，会妨碍人对生命乐趣的享受，使人生变为一场苦役。只有淡化物欲，才能体会到人生的真味。

我把这句话当作自己的信念：茫茫人海，悠悠古今，多少人的抱负在灯红酒绿中沉没，多少人的聪明才智在功名利禄的喧嚣中消隐，而适时给自己一条冷板凳，其实就是看淡名利、远离浮华，守住自己最初的梦想，守住创造的激情，守住灵魂深处的宁静。只有这样，才能最终成就一番伟业，至少不会虚度一生。

记住这样的道理，坚守一辈子只做班主任的信念，我们就可拥有平常心，而教育事业需要平常心。拥有平常心，才能正确对待“比”字，才能板凳坐得十年冷，安心学习、安心生活、安心工作；不烦恼，不失意，心态平和；才能干一番事业，继续努力，不断努力；才能潜心研究班主任工作艺术，不断提高工作质量和水平。

明白了物质追求与教育事业的追求孰轻孰重的问题后，我开始放弃不可能实现的物质追求，去实践适合自己的精神追求——一辈子只做班主任，一辈子做书生。我没有能力与他人在物质追求上比伯仲，但是在力所能及的买书上可以和他人比高低。我一直呼吁，教师要做“四书学者”,《大学》《中庸》《孟子》和《论语》，这“四书”是儒家的经典；读书、教书、买书和写书，这“四书”是我生命交响曲的四重奏。读书是我生命的源泉，工作的动力。从小学到中学，从中学到大学，我马不停蹄，一口气读了 17 年书。读书越多却觉得未知世界越大，于是又兴致勃勃地读下去。生命不息，读书不止，已成为我心灵深处的呐喊。教书是我生命的寄托，是自身价值实现的舞台。买书是我最大的乐趣，最大的爱好。买书，买专业书，买相邻专业的书，买社会科学类的书，买自然科学类的书……我们家也因此获得了津门“百家优秀藏书家庭”奖。坐拥“书城”是人生的一大享受。

许多教师拥有宽绰的居所，甚至是豪华的宅邸，但是不买书，更别提有书房了。教师不买书，甚至不读书，我很不理解。知识更新换代迅速，教师总是手握昨日的船票日复一日地重复自己的旅程，根据自己几年前或几十年前获得的知识从事教书育人的神圣事业是不负责任的表现。既然已经走上了教书育人的岗位，就应该成为真正的知识分子，就应该酷爱读书，就应该与书籍成为须臾不可分离的好朋友，也就应该养成买书的好习惯。

一、越来越大的书房

走上教育岗位后，特别是立下一辈子只做班主任的人生目标后，我就与书结下了不解之缘，一心盼望着拥有自己的书房。直到上世纪九十年代，分到房后，我才拥有了真正意义上的书房。以前，书是不少，但都装在一个个大纸箱之中，用到的时候，要费九牛二虎之力翻箱倒柜去寻找。现在拥有两间居室，我占用一间作为书房，专门订制了顶天立地的6个大书柜。之所以说是顶天立地，是因为这些书柜都直抵天花板，而且每个书柜尽可能宽一些，这样每层可以放两排书，每个书柜都比一般书柜多装一倍甚至两倍的书。

拥有了书房和特制的大书柜，我开始有意识地买书。2002年9月29日，天津图书大厦开业，我带了五百元钱早早等在图书大厦门口，鞭炮震天动地，烟火弥漫，我患有气管炎，差点引起哮喘发作。2003年教师节，是我退休后的第一个教师节，我带了几百元去买书，想以这种方式给自己过个节日，购书没有优惠，于是我到图书批发市场去买书。回来后偶然间发现网上有图书商店，即使是刚刚面世的新书也会打折，很是惊喜。于是我加大了买书的步伐，开始疯狂地购书。有时一下子就网购十几本或几十本书，例如，2007年“十一”黄金周期间，我网购了《古典诗词百科描写辞典》《世界上最神奇的24

堂课》等14本书，花费308.90元，又网购了《在北大听解脱之道——心理学大师讲坛之一》《在北大听包容之道——心理学大师讲坛之二》《在北大听平衡之道——心理学大师讲坛之三》等30本书，花费318.86元。单2007年一年竟然破天荒网购了一千册书。2012年一年又网购了图书一千册，包括《智慧班主任读本》(套装共9册)，意林杂志社的《成功书》《智慧书》《勇气书》《亲子书》《财富书》《心灵书》《生命书》《幸福书》《成长书》，福建教育出版社出版的《道德八书》等。

我拥有了书房和特制的大书柜后，买书几乎是随心所欲。在书店、在网上，看到有关班主任工作的书，往往是不假思索就买下来。例如，江苏省教育科学研究院教师书院院长，曾先后担任江苏省骨干教师班，国家级骨干教师班和教师脱产进修班班主任的学者赵国忠在南京大学出版社出版了几十本关于教师专业成长的书，如《影响教师一生的经典故事》《班主任最需要的心理学》《非常班主任》《教师最伟大的智慧》《校长最需要的心理学》……我绝大多数都买来作为我进行班主任工作研究的参考书。2002年10月开始，中央电视台首次启动感动中国年度人物评选活动，自此《感动中国》成为著名的品牌栏目，2003年开始每年一次活动，都会出版一本相应的书，我都会买下来。我可以骄傲地说，关于班主任工作、德育方面的藏书，我比一般学校的藏书要多得多。

另外，个人修养、心灵修炼的书，我也是毫不犹豫地看见就买来收进书柜。例如，《星云大师谈幸福》《星云大师谈读书》《星云大师谈处世》《星云大师谈智慧》《大师智慧人生锦囊——星云法语》《禅师的米粒》《定不在境》《如何安住身心》《合掌人生》《传灯：星云法师传》……

我有段时间发现了这样的书——大大的开本，厚厚的页数，但是且价格很便宜，大多是19.9元，于是买下来装进我的书房，比如《人生要耐得住寂寞大全集》《人生中的减法》《淡定的人生不寂寞》《再苦也要笑一笑全集》《善待自己大全集》《房龙经典大全集》《每天给心灵洗个澡全集》《秘密全集》《人生成功潜规则大全集》《经典励志作品典藏本套装》《影响力 意志力 创新力》《方与圆大全集》《世界上最伟大的书一本通》《世界上最经典的心理学故事大全集》《心灵鸡汤全集》……

随着岁月更迭，我的书越来越多。书房每个书柜都是书满为患，电脑桌下，打印机旁，放满了装满书的纸箱子，后来我乘机在卧室的一面墙前面又摆放了三个书柜。书柜增多了，改善了图书的“居住”条件，原先书房的书柜由每层摆放两排书改为摆放一排书，书可以松一口气了。为了读书方便，我又在客厅外面的阳台间放了两个微型书架，摆进几本当下看的书。我的书房在不知不觉间又扩充了一点，就这样，我的书房占据了家里一半的地方。

后来，我们家获得天津市“百家优秀藏书家庭”奖，这是对我酷爱买书、藏书的最高褒奖。

二、越来越小的书房

退休后，走出校门，告别奋斗了30余年的教室，我一头扎进了我的书房，与书为友，有书相伴，而且这友这伴是成千上万的大部队，是一呼百应的庞大军团。在书房里，我也不觉得落寞，只是沉静地读书，沉静地写书。5 年过去了，10 年过去了，15 年过去了，我的身体每况愈下。书房里的书柜是特制的，为了方便寻找放在其上的书，我还准备了折叠梯子，年龄大了，爬折叠梯子就越来越困难。书柜里每层放两排书，有时寻找一本书，需要把外面一排书先搬出来，取到需要的书后，再把外面一排书放回去。这简单的体力活对七老八十的我来说越来越力不从心了。而且，我年纪一天天大了，这么多书实在也读不完，用不完。对书房进行“精兵简政”是迫在眉睫的事情。把这些陪伴我几十年的书抛给废品站，是最简单的事情。但是，我于心不忍，我应该给它们找到“好婆家”，让它们继续发挥作用。

整理五六千册书，对我而言已经不是一件小事。大书房、二书房，有顶天立地的 9 个大书柜，我要爬上爬下地对每个书柜的书进行分类整理，过时、陈旧、可以彻底淘汰的为一类，准备赠送给天津几位徒弟的为一类，准备赠送给小学母校、初中母校、任教学校的为一类。把淘汰的书、准备赠送的书分门别类地放进纸箱里，搬来搬去，每每累得气喘吁吁。我就休息一会儿，再继续干。2018 年 4 月用了半个月的时间才整理出头绪，大书房里，绊脚的二十几个纸箱子清理掉了，阳台上的小书柜瘦身了，二书房里的书柜每层只摆放一排书，清爽多了。

我精心选择保留的书有两千册，主要有我的 36 本专著，以及各次再版的样书，我的徒弟出版的专著，我的朋友们赠送的书，几位教育名人的专著，以及哲学、思想修养方面的书和少量的文学方面的书……“精兵简政”的结果是专业性更强了。

细细算来，被当作废品淘汰的书 2017 年年底卖掉 200 斤，

2018 年 3 月 14 日卖掉 68 斤，3 月 22 日卖掉 46 斤，3 月 24 日卖掉 72 斤，4 月 2 日卖掉 40 斤。总计卖掉 426 斤，购买这些书我可是花掉了几万元，如今几百元钱就彻底处理掉了。真是无可奈何花落去。

捐赠给天津徒弟的有近千册书，捐赠给小学母校天津河北区扶轮小学、初中母校天津河北区扶轮中学 43 个纸箱的书，合计有两千册。

2018 年 4 月的这次书房大清理，让书房变得赏心悦目了。我过去不舍得处理这些书，将其视为珍宝，其实，如果长期不用，宝贝也就失去了价值。我把它们捐赠出去，这些从我的书房里走出去的书会走到我的徒弟们的书架上，走到几所学校的图书馆里继续发挥作用，我为这些与我相伴几十年的朋友们找到了最好的归宿，也圆满地破解了困扰我多年的难题，真是一举多得！

赠送给青年班主任图书，我一向是很慷慨的。徒弟杨亚敏在职校工作，她为孩子们不读书而苦恼，我建议她引导学生读故事类的书，激发学生的读书兴趣，2013 年 3 月 15 日，我从卓越亚马逊网为其网购书 50 余册，花费 232 元。2013 年 12 月 10 日，我通过当当网给安徽灵璧心语实验学校买了 2800 多元的书。2014 年 11 月 25 日，我在当当网网购图书 46 本赠送给管宗珍工作室，共计 1063. 8 元。2016 年 11 月 12 日，为了支持徒弟董彦旭的工作，我赠送给他任副校长的天津实验中学滨海分校关于班主任的书 40 册。2017 年 2 月 28 日，我参加郑立平组织的支教活动到滨州，赠送给冯珊珊卓越班主任成长工作室和滨州开发区第一中学我的专著 30 余本，而且每本书中我都写了一句鼓励的话……那些年，每当自己出版了新书，我往往网购二三百本赠送给全国各地的青年班主任，或者应邀到外地讲课当面赠送给他们，徒弟或者青年班主任上门来求教，我也往往赠送几本我的专著作为礼物。

我的书房由越来越大转而变为越来越小，书房的变化见证了我的教育生命成长的过程。

深邃的思考促我更上一层楼

2007 年 7 月 11 日《中国教师报》刊登了署名为谢明尧的一篇文章，文章的题目是《一部“煮海为盐”的书——读〈一句话改变人生——400 位优秀教师的智慧感悟〉》。

文章是这样介绍的：

这是一部得到无数网友推崇的书。

这部书在正式出版以前，已经成为国内网络和不少教育报刊关注的焦点、热点。

这是一部汇聚着智慧、浓缩着文采、洋溢着真情的书。

它收录了 600 多条精美的教育小语，这 600 多条教育小语是 400 多位教育思想者、改革者、实践者智慧的思考，精美文采的展示，博大深远的教育情怀的体现。

……

这些教育小语就像来自大海深处的一粒粒珍珠，又如浩渺天空闪烁的繁星，给人智慧的启迪，人格的陶冶，美的享受。

这是一部“青春老人”张万祥老师“煮海为盐”的书。

本书的编著者张万祥老师，“是全国非常有影响力的优秀班主任，是一个把教育当作自己的宗教，一个勤于读书善于思考的老师”（朱永新语），这部书的问世可以说经历了漫长的“十月怀胎”。

……

用任何精美的语言来评论这本书都显得苍白和无力，用任何的溢美之词来评论这本书都显得虚假与空洞，只有在这样一个寂静的午后，在暖暖的阳光下，静静地沉入书中，细细品咂其文字时，我才感到自己是那样的充实而欢愉。我的心仿佛在渐渐地飞升，我的灵魂仿佛在慢慢地被净化，我对教育的思考与爱在逐渐加重，教育的触角伸向远方……

提到由江苏教育出版社于2006年9月第一次印刷出版的《一句话改变人生——400位优秀教师的智慧感悟》这本书，我还真有一段难忘的回忆。我经常自诩为书虫，爱买书、爱藏书、爱读书，与书结下了不解之缘。每年我花在买书上的钱不在少数，而且每年我还会订购近十种报刊。每每读到好文章，就怦然心动，喜上眉梢。后来，在扶助青年教师，特别是辅导自己的徒弟时，每每痛心疾首于有的文章有内容缺乏文采，有的文章文采斐然却空洞苍白，有的文章有文采、有内容却观念陈旧，缺乏时代感……于是我在读书，特别是读教育报刊时就多了一道工序，把自认为有内容、有思想、有文采、有睿智、有内涵、有时代精神的好语句摘抄下来，以期贡献给青年才俊。在摘抄过程中，我尤其注意初学者——刚刚有所成就的人，当然也有少量巨匠大师振聋发聩的精妙小语。编写这部书的目的，可以用几句比较整齐的话来表示，那就是“聆听精粹小语，体味教育情结，反思教育行为，激发教育灵感，引发崭新思维，生发教育智慧，提升教育质量，提高写作水平”。教师是社会的精英，教育是无比神圣的事业。教育教学充满了挑战，需要智慧，而教师就是充满智慧的智者，是迎接挑战的勇者。教师工作的性质要求他们时时处处勤于思考，这本书就是他们勤于思考的结晶，这些教育小语既像来自大海深处的一粒粒珍珠，又如浩渺天空中闪烁的繁星。一颗水滴可以折射出太阳的光辉，一朵浪花可以蕴含大海的浩瀚，而这一则则教育小语的背后则是变幻无穷的教育大世界。

这些教育小语是优秀教师深思熟虑的真知灼见，是切身体验的至深感悟，是殚精竭虑的思想火花。每则教育小语都富有哲理，耐人寻味、发人深省，给人以启迪，甚至会有经一则教育小语启迪而茅塞顿开的乐事，也会产生阅读一则教育小语而衍生出鸿篇巨制的奇迹。每则教育小语都值得细细品味、反复琢磨，这些教育小语构筑的这部书简直就是教育的宝典，

《一句话改变人生——400位优秀教师的智慧感悟》出自几百人的笔端，更是成千上万教育工作者的心声。每则小语都是教育思想者、改革者、实践者智慧思考的结晶，阅读这些小语给我们以智慧，引我们以深思，让我们去反思，促我们去改变。这些小语犹如一朵朵小小的浪花，但千千万万的小浪花可以形成巨大的浪涛，而巨大的浪涛就会激起人们心灵的风暴。这风暴给我们以排山倒海的力量，给我们以豪气万丈的激情，给我们以改天换地的气魄，给我们以经天纬地的技巧。每则小语都值得细细品味、反复琢磨，而几百则小语构筑的这部书是值得教育工作者置之书案的常备之书。

教育精妙小语是新时代的教育名言、格言集。

人类社会的精神文明史也证实名言、格言是人类不可或缺的珍宝。歌德说："名言集和格言集是社会上最大的财宝，只要懂得在适当的场合把前者带进会话里，在适当的时间唤起对后者的记忆。"高尔基说："在用格言进行的思维中，我学会了很多东西。"马尔顿说："很多人的成功，都是得力于一句格言的鼓励。"美国作家阿尔杰说："格言是随身携带的智慧，为自己思想及感情所选择的精华。"名言、格言虽然小如沧海滴水，众如广漠尘沙，却是名师巨匠、伟人先哲真情的流露，知识的积淀，智慧的浓缩，才华的闪烁。名言、格言意义巨大，魅力无穷。有人说：名言、格言"能使无知的人变得聪明，使有才智的人增长学问，给明智的人以开导，让年轻人慎思明辨。有如黑暗中划过天空的一道亮光，又如山重水复之后而忽然柳暗花明，她总能与你的感悟碰撞出火花，使你的心头为之一震，与之共鸣。她既可以成为生活中攀登者的动力，也可以成为沧海夜航者的灯塔，还可以成为人们治学报国、事业成功的向导"。我们可以满怀信心地说："奉献给读者的教育小语是新时代的教育格言集，是教师专业发展的助燃剂。"

2004年下半年起，我在"教育在线"网站上发表了《教育精妙小语拾萃》专题帖，这个系列帖子在"教育在线"产生了巨大的影响，可以说改变了很多班主任的生活和工作状态，有不少班主任下载了全部帖子，不少教育报刊进行了刊载，众多网站也予以转载，甚至有出版社来联系出版事宜。

许多青年朋友读到"教育精妙小语"后视若珍宝，把它们收藏起来，打印出来。更有些青年朋友对照这些教育小语，结合自己的教育教学实践，写出了一篇又一篇文章。杭州有位青年班主任告诉我，他过去没有发表过文章，看到教育小语获得灵感和启发，激起了他的写作欲望，他坚持写作，一年间发表了十几篇文章，有的文章刊登在了《人民教育》《中国教育报》上。

摘录教育精妙小语，我坚持了近十年，先后出版了《一句话改变人生——400位优秀教师的智慧感悟》（2006年9月江苏教育出版社出版）、《优秀教师教育名言》（2008年1月天津教育出版社出版）、《教师专业发展精妙小语》（2011年2月华东师范大学出版社出版）。

长期摘录教育小语，近水楼台先得月，耳濡目染，受到熏陶，在写作中，我也注意精心雕琢语言，力争让语言像鲜花散发出浓郁的芳香，像星辰闪烁出晶莹的光彩。我写出了一些精美隽永的教育小语，许多青年朋友也常常引用，这里整理一部分奉献给大家。

第一部分：更新教育理念

1. 班主任工作是科学的事业、艺术的事业。班主任不应做孩子王，而应做教育家；不能做井底之蛙，目光短浅；不能做孤家寡人，孤芳自赏；也不能墨守成规，人云亦云。相反，要求实求新，不断开拓创新。为此就必须随时认真总结、勤于思考、虚心借鉴、博采众长。手头勤，德育精，这也是一条规律。

2. 很多班主任一向擅长板起面孔，摆出凛凛然的样子，甚至不苟言笑，不怒而威。其实，这是“师道尊严”的一种表现形式。岂不知，时代发展到今天，这种做法只能碰壁。教育是心灵的艺术，班主任要想切实走进青少年的心灵，就必须淡化教育者的形象，给受教育者以更多的尊重、信任、平等与期待，真正地和受教育者沟通思想感情，切实抛弃以教育者自居的教育意识与教育心态，而幽默是通向学生心灵的一缕温暖的清风。

3. 将班主任工作看成是简单机械的重复，将鲜活的生命看成毫无个性的产品；只看到“年年岁岁花相似”，看不到“岁岁年年人不同”；对自己的工作只想到量的累积，不追求质的飞跃。这样的班主任一害己二害人，早晚会变成家长和学生心目中“不受欢迎的人”。

4. 班主任工作是科学，也是艺术。可是在实际工作中，许多班主任忽视了教育艺术，致使工作总是平平淡淡，或者缺乏生机，失去了德育应有的魅力，使教育工作总是一副老面孔，一副教师爷的腔调。无论是班主任工作的性质，还是当今教育对象——青少年的特点，抑或是当今时代对教育者的要求，我们都必须讲求工作艺术。利用工作艺术，可以事半功倍，可以迎难而上，可以“化腐朽为神奇”，可以走出教育的低谷，可以开辟教育的新天地。

5. 德育需要激情，因为德育是心灵的对话，是心心相印的记载，是以心激心、以情激情的活动。激情，使德育富有感召力、震撼力，为教育增添了光彩。德育工作者富有激情，才能“激励、唤醒、鼓舞”（德国教育家第斯多惠语）青少年，才能使青少年产生激情，产生认知的渴望，产生参与的欲望，才会有智慧的灵动，才会使青少年获得深刻的感悟。

6. 如果缺乏激情，工作也就成为一潭死水，波澜不惊，浑浑噩噩，麻木不仁；就会缺少美丽的梦、隽永的诗，味同嚼蜡，班主任工作也就失去了灵性，失去了生机，失去了意义。

7. 创新是时代的要求，没有创新就没有社会的进步、科学技术的发展及人类的前进；同样，班主任工作如果因循守旧，就会成为落伍者。而且，社会的发展势必产生诸多新的问题，新的挑战，班主任工作如果不创新，就不能帮助青少年解除困惑。如果缺乏创新，班主任工作就失去了吸引力、感召力、说服力、影响力。

8. 不少班主任故步自封，现在还津津有味地采用20世纪的德育方法、德育资料。我们不能只是“复制”老观念，不能总是“粘贴”老方法，不能一味地“链接”老资料。

9. 优秀班主任绝不会满足于吃老本，而是不满足于一成不变，按部就班，不满足于重复昨天的故事。他们不会吃老本，不会在原地打转。他们认识到生活是丰富多彩的，青少年的内心是丰富多彩的，人类创造的知识是丰富多彩的，思想教育也应该是丰富多彩的，只有在丰富多彩上作好文章，思想教育才能富有魅力，才能产生实效。

第二部分：提升人品修养

10. 教师是人类灵魂的工程师，应该做道德崇高、学识丰富、知识渊博的“大家”。教师特别是班主任，应上承中华民族五千年之传统美德，下扬当今社会主义精神文明，倾一腔热血为中华培育人才，尽一生精力为民族培养栋梁，乐于奉献，胸无尘垢，宠辱不惊，虚怀若谷，要永远挺直身子做人。优秀的班主任没有庸俗、不卑劣，坦荡出磊落，肝胆照日月，永远熔铸道德的丰碑。

11. 持之以恒是班主任走向成功的保证。只有持之以恒，才会迸发智慧的火花；只有持之以恒，才会生发新的教育理念；只有持之以恒，才会产生新的超越。是否能够持之以恒是能否取得成功的根本原因。我们常说，平庸和精彩往往就是一步之隔。在那扇机遇之门前，有的人历经艰难，望而却步，止步不前，或是转身走掉；有的人却抖掉身上的尘土，整理一下衣襟，重新抖擞精神，勇敢地推门而进，即使是洪水猛兽当道，荆棘野草丛生，也要趟出自己的新道来。

第三部分：感悟教育使命

12. 班级应该成为一方沃土，班级应该成为一池活水，班级应该成为一座圣坛，班级应该成为一间画廊，班级应该成为一处高炉，班级应该成为一个摇篮，班级应该成为一个家庭，班级应该成为一个乐园，班级应该成为一个竞技场。

13. 要明确班主任工作绝不仅仅是杜绝迟到，搞好卫生，抓好纪律，机械地按照学校的布置召开班队会，被动地依照领导的要求开展活动，也不仅仅是抓学习成绩。我们不能把学习视为至高无上的“太上皇”，而把德育工作当成点缀应景的“副业”。我们“两手都要抓，两手都要硬”，德育为首，智育为主，促使青少年实实在在地全面发展。

14. 教育是一项事业，关系到民族的振兴，关系到千家万户。对一位班主任来讲，一个学生仅占你的学生数量的几十分之一，几百分之一，甚至是几千分之一；而对一个家庭而言，却是百分之百。我们做的或许只是一个微笑，一句轻语，一次抚摩，而带给学生的很可能就是一生的希望，带给家庭几代人的很可能就是无限的温馨和快乐。班主任托起中华民族的太阳，托起千万个家庭的幸福，影响着孩子们的发展，所以多高的学历，多深的学问，多高的造诣，多大的本事，多渊博的知识，多广泛的爱好，多出众的特长等在班主任工作舞台上都有用武之地，都可以充分施展。

15. 班主任注定一辈子平凡、默默无闻、为人作嫁衣，但班主任关注的是一个个鲜活的生命，是青少年的心灵，是宇宙万物中最神圣、最神秘、最具活力的对象。班主任的劳动成就了学生，他“使自卑的心灵自信起来，使懦弱的体魄强壮起来，使狭隘的心胸开阔起来，使迷茫的眼睛明亮起来，他让愚昧走向智慧，让弱小走向强大”……如果班主任能够更自觉地把班主任工作作为主业，就会更好地克服职业倦怠，就会转变观念，就会加强德育科研意识，如此势必能更有效地培养青少年求真向善趋美的心灵，引导青少年的生命健康茁壮地成长。

16. 工作之前，想一想。班主任工作千头万绪，凡事多想一想，选择最佳方法。例如，和学生谈话前，想一想谈话的艺术：是长话短说，还是明话暗说；是急话缓说，还是硬话软说；是正话反说，还是严话宽说；是近话远说，还是轻话重说；是冷话热说，还是热话冷说……不能不问青红皂白，想说什么就说什么，想怎么说就怎么说。

17. 教学要备课，不备课就没有资格走上课堂。同样，班主任也要备课。例如，召开班会，就应该充分备课，备学生，备资料，备思路……总之不打无准备之仗。班主任应该养成备德育工作之课的习惯。

18. 做班主任让人永葆爱心，用大爱温暖孩子的心灵；坚持勤奋，托起生命的脊梁；坚持科研，提升自己的理性；坚持读书，滋润自己的生命；坚持创新，提高教育魅力；永葆激情，让教育焕发青春的色彩；坚持学习，让教育生命更加精彩；坚守寂寞，让教育生命愈加厚重；坚持奉献，在“给予”中体会人生的真味；坚持进取，让教育生命不断攀上高峰……

第四部分：提速自身发展

19. 在这个日新月异的时代，班主任要完成教书育人、培养中华民族未来接班人的光荣任务，就必须不断学习，用新知识丰富自己、充实自己、提升自己，为学生作出终身学习的表率。而网络为班主任提供了终身学习的舞台。过去“活到老，学到老”是一种人生追求，而今却是一种现实的要求，人生的需要。终身学习已经成为越来越多人的生活目标。而网络提供了浩瀚无边的知识海洋，思通千载，视连万里，网络中有千军万马、千山万水、千沟万壑、千年万载，真是“会当凌绝顶，一览众山小”。

20. 教书育人的重任不允许为师者再做网络的门外汉！网络的发展使知识开上了快车道，教师不能再靠吃老本来教书育人，必须善于利用网络充实自己的知识宝库。一个班主任如果不能与时俱进，不断充实自己的知识，而是抱残守缺，削足适履，那么在专业化的道路上必定步履维艰。青年班主任一定要乐于遨游网络。

21. 要清楚我们面对的不都是阳光与温暖，不都是春风与微笑，人生道路上布满荆棘，人生天空中时常有电闪雷鸣，专业发展征程中处处有困难，人与人之间难免产生矛盾。要提升专业水平，要想轰轰烈烈干一番事业，必定会时常遇到棘手的问题。我们要正视压力，正视失败，正视挫折，应该拥有笑傲困难、笑傲人生的气魄，具有迎难而上、百折不挠的意志力。

22. 优秀、胜任是相对的，优秀没有最高峰，胜任没有至高点。优秀、胜任是发展的，不是一成不变的。昨天优秀、胜任，不能代表今天也优秀、胜任；今天的优秀、胜任，不能保证明天必然会优秀、胜任。当今，科学技术发展日新月异，一日千里，而青少年接受新知识、新技术的能力很强，如果为师者不能坚持学习，不能掌握新知识、新技术，完全可能落在青少年的后面。这样教师就会失去为师者的资格，也会失去了优秀、胜任的资本。

23. 追求对人生是至关重要的。心怀梦想是好的，但还不够；有信仰是好的，但还不够；拥有目标是好的，但还不够。能够证明一个人的信仰、梦想和目标的，能够将它们变成现实的，只有追求！美国作家德士特·耶格、约翰·马森在《追求》一书中写道："人生最重要的就是找到值得追求的梦想——当实现这个梦想后，再追求更大的梦想。追求改变一切：追求会让你心驰神往，让你能量倍增，让你精力集中，带给你不可思议的收获。"

24. 追求是班主任巨大的动力源。班主任需要高扬追求的大旗，在困境中，只要这面大旗在，什么困难都不在话下，就有希望，就能转败为胜。在顺境中，只要这面大旗在，就不会沉浸于纸醉金迷、花前月下。班主任高扬追求这面大旗，就能攀上更高的险峰。我们或许没有理想的生活，但是我们要有生活的理想。只要有追求，心中就会涌动希望的浪花，即使在滴水成凌、百花凋敝的数九隆冬，也能感觉到春天的脚步。

25. 追求班主任专业的快速提高。这应该成为班主任追求的主要内容，这方面包含丰富的内容。如在教育学生上，班主任要追求做学生的“人生导师”，不仅鼓励他们获得优秀的学业成绩，更要关注他们的心灵健康；不仅关心他们三年五年，更要教给他们一生受益的做人做事的品德修养。要思考怎样对学生实施精神关怀。精神关怀主要是关怀学生的心理生活、道德情操、审美情趣等方面及其成长与发展，即关怀他们的精神生活质量和精神成长，关怀他们当下的精神生活状况和他们未来的精神发展。班主任精神关怀的内涵——从纵向上讲，包含着对学生的现实关怀和终极关怀两个维度；从横向上讲，体现在生命关怀和人文关怀两个方面。经常思考这样的问题，班主任就会走上专业化的快车道。

26. 我们勿委屈自己，可跳过 1.5 米，决不只跳 1.2 米；可跳过 1.8 米，决不只跳 1.5 米；要在奋斗中展示才华，在追求中创出辉煌。请牢记高尔基的这句名言：“让整个一生都在追求中度过吧，那么在这一生中必定会有许许多多顶顶美好的时刻。”

第五部分：饱览天下群书

27. 读书是提高班主任专业素养的需要。我们应该明白：读书是班主任专业发展的保证，是班主任战胜职业倦怠的良方妙药，是完成教书育人光荣使命的必然途径。面对着眼前这个光怪陆离、瞬息万变的信息化社会，面对全新的学生和全新的问题，班主任往往在工作中难以准确把握自己、把握学生，甚至在面对学生、面对学生的问题时，很多时候会处于一种尴尬难堪的境地。而学习现代教育教学理论，学习掌握先进的教育教学方法，就可以更深刻准确地了解目前学生的生理、心理特点和学生的思想动态。

28. 班主任要认认真真地读书、聚精会神地读书、废寝忘食地读书、如醉如痴地读书、持之以恒地读书，要使读书成为终生具备的习惯。要让学习成为班主任的生命，必须首先让他们树立终生学习的意识，不断以新的知识充实自己。

第六部分：激发教育智慧

29. 积累是一个艰辛、枯燥的过程，需要恒心、耐心、决心。有恒心，才能集腋成裘，聚沙成塔；有耐心，才能持之以恒，永不松懈；有决心，才能克服障碍，战胜疲倦，坚持不懈。

30. 青少年的心灵世界是丰富多彩的，班主任工作也是丰富多彩的，赤橙黄绿青蓝紫，各种颜色俱全。同时，班主任工作也是艰辛的，苦辣酸甜咸，各种滋味尽有。然而，它又是一项充满创造色彩的工作……这一切工作内容与感受，特别是富有创新意义的活动与效果，都应该记录下来。德育资料是不可或缺的工作参考，要勤于积累。如果两手攥空拳，就会“书到用时方恨少”，难以达到教育目标。

31. 幽默是一种智慧，是一种修养，是一种艺术，是一种力量。生活中不能缺少幽默，它像一座桥梁，拉近师生之间的距离，填补师生之间的鸿沟。幽默能使班主任成为学生的知心朋友。生活中，人们往往喜欢与幽默的人相处；教育中，幽默的班主任往往能赢得学生的爱戴和敬佩。

32. 在班主任工作中运用名文，可以增加思想教育的深度、高度、广度和力度。现实中，有的班主任在对学生进行思想教育时，往往就事论事，浮在表面。而名文以博大浩瀚的人文世界，优美的语言，隽永的意境，绮丽的风景，高雅的情趣构筑出让人心旷神怡的审美境界，使青少年得到精神的升华、感情的陶冶、思想的锻造、性格的锤炼，使疲倦的心灵得到舒缓，使消沉的意志得以振奋，使自卑的心理得到扭转，使自强不息的精神进一步强化。青少年在这些名文的熏陶下，便会一天天健康茁壮地成长起来。

……

因为患有哮喘病，所以这两年我每年都要到海南省三亚市过冬，从天气刚刚变冷到春暖花开，近半年的时间，怎么与青年班主任们交流，怎么实施思想引导？我广泛阅读关于精神修养的书，摘抄一些震撼心灵、充满哲理的短语，编辑成“禅意悟道一千条”，每天发一条到师徒群里，让他们的心灵每天都可以得到滋养。这里摘录若干。

1. 人们拼命渴望得到的财富、地位等，在历尽艰辛，刚刚拥有的时候，会觉得幸福万分，但是慢慢地，这种幸福感就不断缩水，而修行人所追求的通达万法本性，一旦悟得，所获得的，会比预期更多、更令人惊喜，并且这种感觉经久不衰、历久弥新。

2. 你可以一辈子不登山，但你的心中一定要有一座山。它会使你总往高处爬，它会使你总有个奋斗的方向，它会使你不论何时抬起头，都能看到希望。

3. 平常人做事，即使能力、水平不够，但如果以优秀的人为榜样，坚持不断学习、不断向上的原则，终有一天会有所成，而不会沦为泛泛之辈。成功之路充满泥泞和坎坷，要想取得胜利就要坚持不懈地努力。成功需要顽强的毅力，而坚持就是胜利。

4. 昨天再好，也走不回去；明天再难，也要抬脚继续。没有人能使你烦恼，除非你拿别人的言行来烦恼自己。没有放不下的事情，除非你自己不愿意放下。日子，过的是心情；生活，要的是质量；信仰，要的是正念。懂得，无事心不空，有事心不乱，大事心不惧，小事心不漫。

5. 遇事，先责备别人；不顺，先埋怨条件，这是一种消极被动的人生态度，是一种缺乏担当的表现。埋怨根本于事无补，只会让你看不清自己的问题、意识不到自己的错误。聪明的人懂得先自省自己，从自己的身上找答案。只有用这种积极的态度去面对生活中遇到的问题，才能够让你汲取教训，增长经验，让你在以后的生活中越走越顺利。

6. 前进的路上，你无需告诉每个人那些艰难的日子你是如何熬过来的，多数人看你飞得高不高，很少人在意你飞得累不累。所以，做该做的事，走该走的路，不退缩，不动摇。无论多难，也要告诉自己：再坚持一下，别辜负了曾经经历的磨难。今天的每一分努力，明天都会把最好的给你！

7. 心在哪里，收获就在哪里。人一生中的时间有限、能力有限，但是努力无限。努力做一个善良的人，心态阳光的人，积极向上的人，满满元气才能被激发，也能感染身边的人。你阳光，世界也会因你而温暖！

8. 人生一半是记住，一半是放下。记住快乐，放下痛苦；记住美好，放下悲伤；记住恩情，放下怨恨；记住知足，放下贪图。

放下，你才是赢家；放下，你才算智者。赢得的是知足，赚来的是轻松！活得自在，烦恼就会消减，过得安逸，幸福自然追随！

9. 我们有一种天生的惰性，总想着吃最少的苦，获得最大的收益。有些事情，别人可以替我们做，但无法替我们感受。缺少了这一段心路历程，我们即使再成功，精神的田地里依然是一片荒芜。成功的快乐，收获的满足，不在奋斗的终点，而在拼搏的过程。该走的路，需要我们自己去走，别人无法替代。

10. 人的一生中，有许多转念的机会，人生在世，注定要受许多委屈。别让小小的委屈、难过左右你的情绪，干扰你的生活。学会原谅，学会笃定，不要拿别人的错误来惩罚自己。怨别人，苦的是自己的心。学会换位思考，不要活在嗔恨的苦海中。生活本不苦，苦的是欲望。善因善果，存好心，说好话，行好事，做善人，用感恩之心去看待生活给予的一切，一切都是最好的安排！

11. 越努力，越幸运。别人可以替你开车，但不能替你走路；可以替你做事，但不能替你感受。路要靠自己行走，成功要靠自己去争取。请相信，所有的经历，终将成为你的财富。不想在结尾的时候遗憾，就请把握好每一个开始。改变自己，然后在最好的未来，成为最好的你。

12. 你若爱，生活哪里都可爱。你若恨，生活哪里都可恨。你若感恩，处处可感恩。你若成长，事事可成长。不是世界选择了你，而是你选择了这个世界。既然无处可逃，不如喜悦。既然没有净土，不如静心。既然没有如愿，不如释然。

13. 快乐属于知足者，幸福属于感恩者。用平常心对待生命的每一天，用感恩心对待眼前的每一个人，快乐就会不请自来。懂得感恩的人，遇到祸也可能变成福；只知抱怨的人，碰上福也可能变成祸。顺境中学会感恩，逆境中心存喜乐。幸福的秘诀，就是不抱怨过去，不迷茫未来，只感恩现在！

14. 人的一生中，用人品去感动别人，用改变去影响别人，用热情去燃烧别人，用行动去带动别人，用阳光去照耀别人，用坚持去感动别人。要求自己每天都去做与目标有关的事情，哪怕每天只进步一点点，坚持下来你就是最优秀的，不忘初心，方得始终。感恩一切，用爱做人，用心做事，行善积德，必有余庆。

15. 顺风顺水的人，请想想逆境奋斗的人；无忧无愁的人，请想想拮据艰窘的人。只有充满爱心、仁慈心、善良心、同情心，才能达到“人人爱我、我爱人人”的美好境界。

人们常说：“施恩于人共分享。”“送人玫瑰，手留余香。”人生在世，要学会分享给予，养成互爱互助的习惯。给予越多，人生就越丰富；奉献越多，生命才更有意义。

16. 你常常羡慕别人幸运，但你不知道那是别人奋斗了很久才发出的光芒。你羡慕别人的美好，却不知他们在背后付出了多少，还傻傻地将这一切归结于他们运气好。可世上哪有什么天生的幸运，不过是他们以往努力的积攒，当努力到一定程度，幸运自会与你不期而遇。一切都会越来越好的。

17. 用你的笑容去改变世界，别让世界改变了你的笑容。人生最曼妙的风景，就是内心的淡定与从容，睿智与清醒。 人生最奢侈的事情就是拥有一个生生不息的信念，一帮永远值得珍惜的朋友，一份享受生活的美好心情。 因为珍惜而拥有，因为努力而收获，因为感恩而幸福！

18. 我有一个非常重要的能力，却很少有人拥有，那就是“认错”。每个人都是不完美的，我们要尽力做好，但是也要能够承认、接受自己做得不好甚至犯错误。人很容易为自己辩护，如果做错了，就会说“没有功劳也有苦劳”；假使自己有一定的道理，那更会觉得委屈。如果以这样的心态去面对外界，就会很累、很苦，因为一直扛着一个非常重的“我”。

如果在遇到不如意时，肯承认“可能我的确有做得不好的地方”“是我能力不够，做错了”，把“自我”的包袱放下的一瞬间，你就能感到轻松和解脱。

19. 人为什么一定要传播正能量，物理学告诉我们，自然界是有磁场的。一个人，信念变了，德行就变。德行变了，气场就变。气场变了，磁场就变。磁场变了，风水就变。风水变了，运气就变。运气变了，命运就变。所以，改变命运真正靠的是自身的正能量，厚德载物，内心善良，柔和、宽厚。相由心生，境由心转。学会调整心态，好运随之而来！

20. 笑看人生风雨路，淡泊平和心自安。生活，悲喜交集、忧乐相伴、苦甜相依，懂得放弃，才能轻松；懂得看开，才能快乐。岁月蹉跎，带走了自身的失意；人生无常，锁住了太多的挂牵。一岁又一岁，这春夏秋冬的重复，我们不应该固执地认为是一种人生的漂泊。每个人都需要清醒的选择。

21. 总有起风的清晨，总有绚烂的黄昏，总有流星的夜晚。人生就像一张有去无回的单程车票，没有彩排，每一场都是现场直播。把握好每次演出，便是对人生最好的珍惜。把握现在，快乐到老！

22. 放不下，想不开，看不透，忘不了。我们之所以会心累，是因为常常徘徊在坚持和放弃之间，举棋不定。我们之所以会困惑，是因为喜欢消极地看待事物，不能自拔。我们之所以不快乐，不是拥有的太少，而是奢望的太多。我们之所以会痛苦，是因为记性太好，该记的、不该记的都留在记忆里。没有如意的人生，只有看开的生活，放下那些无谓的负担，才能潇洒前行。

23. 明天再美好，也要等过了今天才会来；昨天再甜蜜，也不能拿今天做交换。追求可以成为一种快乐，欲望却永远都只是生命沉重的负荷。时间会告诉你一切真相。有些事情，要等到你渐渐清醒了，才明白它是错误的；有些东西，要等到你真正放下了，才知道它的沉重！

24. 不管与谁相处，信任，才能拉近距离；真诚，才能走进彼此的心里！不管世界怎么变，社会怎么发展，正直，永远最可贵、善良，永远不过期！一个真诚的人，走到哪里都会有人喜欢，因为说话认真，做事用心，为人诚恳。一颗善良的心，和谁相伴都能长远，因为懂体谅，懂尊重。人这一生中，好名声，是用有情有义赚来的；好感情，是用实心实意换来的；好人品，是用一辈子去打造的！

25. 人品是生命的通行证，在利益至上的时代里，人品是心灵最后的港湾。看一个人值不值得交往，不是看他的外貌、金钱、社会地位，而是要看人品。一切应顺其自然，好好努力，为了美好的明天！宽容大度没有烦恼，人生一切皆美好。凡事换位思考，三思而后行，人生说长也长，说短也短，且行且珍惜，过好每一天。进一步龙争虎斗，退一步风平浪静。

26. 你若觉得快乐，幸福无处不在；你为自己悲鸣，世界必将灰暗。是非常有，不听当无；祸福相依，顺其自然。多行善，福必近；多为恶，祸难远。不奢求，心易安；不冒进，则身全。心小不容蝼蚁，胸阔能纳百川。顺境淡然，逆境泰然。不自重者取辱，不自足者博学，不自满者受益。

27. 欣赏别人是一种境界，善待别人是一种胸怀，关心别人是一种品质，理解别人是一种涵养，帮助别人是一种快乐，学习别人是一种智慧，包容别人是一种能力，借鉴别人是一种收获，赞美别人是一种支持，理解别人是一种宽容，感恩别人是一种升华！只有厚德才能载物。

28. 善行的境界就像水的品性一样，造福万物而不争名利。水，避高趋下是一种谦逊，奔流到海是一种追求，刚柔相济是一种能力，海纳百川是一种大度，滴水穿石是一种毅力，洗涤污淖是一种奉献。人生犹如奔流至海的江水。乐善好施不图报，淡泊明志谦如水。学水之善，上善若水。

29. 人最珍贵的是什么？是善良。善良的人总是在播种阳光和雨露，抚慰人们心灵的创伤；善良的人总是以他人之乐为乐，乐于施与帮助助人们走出困境；善良的人总是与人为善，乐于友好相处带给人们和谐欢喜。善良是一种智慧，一种自信，一种精神，一种平和，一种文化，一种快乐。

30. 人生没有天生的赢家，困难和挫折是人生中不可避免的选择，强者善于把失败和挫折转换为前进的动力，然后在奋斗中展现出惊人的毅力和坚韧不拔的意志。只要你有积极的心态和坚强的意志，不断地学习，积极创造有利的环境，奋斗的战场也会变成你展示自我的舞台。

……

/ 附录 1/

记张老师对我和武侯实验中学的关怀

李镇西

上世纪八十年代，刚参加工作不久的我，从一些报刊上看到了“张万祥”这个名字和他的事迹，很是感动。当时，他已经是全国很有影响的著名班主任了。我读张老师的文章，并默默向他学习。“做一个张老师式的班主任！”这是我真诚的愿望。当然，那时我心目中的偶像不少：钱梦龙、于漪、魏书生、任小艾、蒋自立……张万祥无疑也是我崇敬的榜样之一。

第一次见到张老师具体是哪一年，我记不清了，但肯定是八十年代末九十年代初。有一次去天津开会，见到了心中敬仰的张老师。那时的张老师，应该 40 多岁不到 50 岁吧，相貌英俊，身材魁梧——至少在我这个南方人眼里，的确十分魁梧。他非常亲切地勉励了我，有一句话我印象特别深：“你年轻啊！再干 20 年，也不过我现在这个年龄。”如今，20 多年过去了，我已经远远超过了当年张老师的年龄，但张老师依然是我心中的榜样。

其实，这 20 多年间，我们见面的时候并不多，可他对我的帮助却一直没有中断。这种帮助包括间接的帮助，比如我通过张老师的文章和著作向他学习。记得读他的《班主任工作创新艺术100招》，真是解渴。一个一个的妙招，来自班级，紧贴校园，非常实用。我想，和我有共同感觉的年轻班主任肯定不止我一个人。在电脑还没普及、更没有网络的年代，我常常收到张老师充满热情和智慧的来信，我从这些来信中所收获的不仅仅是具体的建议，更有对自己的信心和对教育的使命感。当然，也有中肯的批评。

2006年8月，我出任成都市武侯实验中学校长，张万祥老师继续关注着我，并依然给我以支持。当他得知我们学校的学生大多是当地失地农民和进城务工人员的孩子后，便捐来一千元钱。这可是从张老师微薄的退休金中挤出来的呀，我怎忍心收呢？于是，我硬是退给了他。那年冬天，张老师身体很不好，严重的哮喘一度使他只能卧床，不能说话，但刚有好转，便做了一件很让我感动的事情。

那天早晨，我上网登陆QQ，便收到张老师的留言："镇西老弟，你好！有一封信我酝酿了几天，今天写完了。我发给你，请你转给贵校的老师们。这是我的一点心意。"

这是张老师读了我校老师在网络上的文章后，写下的一封长信。他的信中充满了对我校老师的鼓励与期待。信的开篇这样写道——

"武侯实验中学的老师们：我们不曾相见，我在3200里之外的天津，但我还是比较熟悉武侯实验中学，比较熟悉你们的，因为这些天，武侯实验中学深深地吸引了我，我为老师们的激情感动不已，为武侯实验中学的变化兴奋不已。"

然后，张老师这样评价我们学校刚刚兴起的“新教育”实验：“老师们，你们在进行“新教育”实验，你们在从事一项伟大的事业，“新教育”在你们的手中将会开花结果，武侯实验中学在你们的奋斗中将会呈现崭新的面貌。……你们也许是刚刚走上教育岗位的青年，也许是在教育战线上披荆斩棘了二三十年的老将，但“新教育”是新的，你们从事的是一项蒸蒸日上的新事业。这意味着艰辛，意味着磨难，是一份责任，更是一份荣耀、一种幸福。一位教师遇到这样的机遇是一种幸运，而这样的机遇也是千载难逢的啊！”

张老师还这样谈到教师成长与职业幸福：“你们现在付出的艰辛、付出的心血，是为了武侯实验中学辉煌的明天，是为了武侯实验中学的孩子们辉煌的未来，更是为了我们自身的教育生命更加璀璨。你们现在读书的热情空前高涨，写教育随笔的热情日益高涨，投身于‘新教育’的激情排山倒海般澎湃，这一切都是为了我们自身的提升。是李镇西校长的到来，给贵校带来了新的气息，唤醒了大家潜藏在心中的提升自身的愿望。我经常对青年朋友们说：‘任何人，尤其是青年教师，谁没有理想，谁没有抱负，谁想平淡平庸度过一生，谁不想轰轰烈烈干一番事业，而教师是最佳的选择之一。我们勿委屈自己，可跳过 1.5 米，决不跳 1.2 米；可跳过 1.8 米，决不跳 1.5 米；在事业中展示才华，在追求中创出辉煌。’苏霍姆林斯基说：‘我认为教育的理想就在于使所有的儿童都成为幸福的人，使他们的心灵由于劳动的幸福而充满快乐。’是的，我们为学生创造幸福，我们是否也应该为自己创造幸福？我们为学生创造美好的未来，我们是否也应该为自己创造美好的未来？现在，我想对大家说，让我们在‘新教育’事业中展示才华，在‘新教育’的追求中创造出辉煌。”

张老师这样谆谆告诫老师们：“当今教师的生存状况是艰难的，但不管多么艰难也要认识到，要避免色泽黯淡的人生，最可行的办法就是关注自己的内心世界，谋求自我灵魂的充实和成长——这，就是读书、反思和写作。教师应该意识到追求自身幸福是我们的权利，在创造学生幸福生活的同时，教师也应该幸福地生活。只有幸福的教师，才能培养造就幸福的学生；只有快乐的教师，才能培养造就快乐的学生；只有教师保持进取之心，才有不断进取的学生。要使学生健康成长，首先教师就应该健康成长；要使学生全面发展，教师自身就要全面发展；要开发学生的智慧，教师首先要开发自己的智慧。老师们，现在你们的工作条件也许是简陋的，你们的生活条件也许是艰难的，但是，你们的心中有事业的阳光，你们的面前是充满希望的未来，那么你们就拥有世界上最昂贵的财宝，你们就拥有世界上最宝贵的幸福。”

张老师还在信中谈到了我：“李镇西是我的老朋友，我们相识相知已经二十六七年了。我比他大17岁，但是我对他说：‘您不仅是我刻骨铭心的朋友，而且是我高山仰止的老师！’的确，他的学识、他的人品都是我的老师，更是天下千千万万班主任的老师。李镇西已经不仅仅属于四川省，更不仅仅属于武侯实验中学，他属于全国。他的学识已经成为中国教育的财富。有这样一位专家型的老师做我们的领导，我觉得是一种荣幸。这有利于提升我们自身，有利于提升我们学校。”张老师对我的评价当然拔高了，但我体会到了他的谦虚与真诚。

最后，张老师以“朋友们努力啊！”结束了这封长达四千字的信。我在全校教工大会上读了张老师这封信，老师们都被感动了。

几个月后，张老师为我校每一位老师赠送了一本他的新书《一句话改变人生——400位优秀教师的智慧感悟》，还专门给我校全体班主任写了一封信——

亲爱的武侯实验中学的班主任们：

你们好！

给你们写信，是我在2007年伊始做的第一件有意义的事情。我想，此刻你们一定已经收到了我——1600公里之外的一个老班主任、老朋友的礼物——《一句话改变人生——400位优秀教师的智慧感悟》一书。

这是在极其特殊的时刻、极其特殊的情景下的一件特殊的礼物。为什么这么说？因为我是在病房里，在病榻上完成这件事的。2006年12月30日，病魔缠身的我不得不住院，每天我只能看看窗户外的天地，每天两次输液，四次吃药，我不得不推掉所有的事情，决心静下心来安心养病，但是有件事情却让我割舍不下，那就是武侯实验中学。从这个学期，贵校就走进了我的心灵。贵校领导和老师们奋发图强，豪情满怀，学校发生和正在发生着翻天覆地的变化，老师们的教育热情空前高涨，班主任们的教育生命发出耀眼的光芒……这一切都时时刻刻牵动着我的心。但是，如今我拘于病房之中，不能上网，不能“看见”你们的帖子，不能随时“看见”贵校的变化。于是，我想，我能为武侯实验中学做点什么呢？我想到了我刚刚出版的这本新书。可是，我没有办法亲自办这件事，如果出院后再办，你们就放寒假了。灵机一动，我给成都新教育书店的文小慧经理发去手机短信求援。文小慧很爽快地答应了，而且给我最优惠的价格——这是李镇西的魅力，是贵校的魅力。当时，这本书不够30本，她又马上进书。我前天出院，才给她把书款汇去。

为什么我不厌其详地说这件事，因为我想告诉你们，大家都在关注、关心、关爱着你们，你们牵动了大家的心，即使一位业已退休的老班主任住院期间也不能忘却你们。如果年轻的班主任朋友们为此生出一些感动，那么，请把这份感动投入到“新教育”实验中。这是我的一个心愿。是的，你们现在所从事的是关系我们下一代健康成长的重大事业，你们所投入的“新教育”实验关系到千家万户的希望。武侯实验中学老师们的精神吸引着我，感动着我，激励着我。我想一个人活在世上，总要思念点什么，感动点什么，牵挂点什么，而如今牵挂思念你们，是最有意义的。

亲爱的年轻朋友们，请你们相信朱永新教授。他是“新教育”实验的创始人、擎旗人、策划师。他具有强劲的人格魅力，他学富五车，学贯东西，更重要的是他真诚真切地关心第一线的老师们。他在创造一种适合中国国情的教育模式，他倾尽自己的心血引领老师们过一种幸福完整的教育生活。他有热情，有激情，他执著地行走在“新教育”的路上。在他的精神感召下、在他的无私慷慨的帮助下，多少老师实现了自己的愿望，走向教育的巅峰。我的第一本个人专著——《班主任工作创新艺术100招》就是在他的关注和全力支持下得以问世，现在已经是第七次印刷了。在他的精神感召下，这几年我出了6本书。要知道，我和大家一样，只是个普通的班主任，是个平凡的老师啊！

亲爱的年轻朋友们，我请你们相信李镇西。历史把他推上校长的宝座，我想他是为了"新教育"，为了武侯实验中学，为了能够更好地帮助大家才应允做校长的。要知道一旦做了校长，他的许多精力和时间就要奉献给校长岗位，可是他有多少书要撰写，有多少利于自身发展的事情要做啊！如果让我在校长和老师两者中择其一，我一定选择当老师。校长的责任更重，牺牲自己的精力和时间更多。可是，李镇西有更高远的追求，他义无反顾地牺牲自己的私利而担起校长的重任。要知道，他的教育思想、教育实践，他的语文讲学，他的班主任工作……都是全国一流的。他同朱永新先生一样，有热情，有激情，有执著的精神。我一直以有这样的朋友而自豪。说实在的，在我的内心，我一直以他为榜样，以他为自己追求的目标。现在，李镇西做你们的校长，这是大家的荣幸。要知道，一位老师要遇到这样一位学者校长、专家校长、教育家校长是可遇不可求的，几率十分低。你们是近水楼台先得月，但是能否真正得月，得多少月，完全靠自己。他说："我就是要保持自己的个性——坦荡、真诚，以心换心。"我说镇西校长是用心在做教育，用心当校长，用心对人。他的心是炽热的、真诚的、坦荡的、纯洁的、天真的……我想在李镇西校长的引领下，武侯实验中学一定会腾飞，一定会涌现出许多享誉全省、全国的名师、名班主任。李镇西的今天完全可以是你们的明天！

亲爱的年轻朋友们，我请你们相信自己。你们要相信“新教育”实验，要相信朱永新先生，要相信李镇西校长，你们更要相信自己。要相信自己的能力，要相信自己的水平，要相信自己的潜能。你们一定会实现自己的宏图大愿，你们一定会创造教育的辉煌，你们一定能够展示自己生命的璀璨。通过这段时间的了解，我认为武侯实验中学是藏龙卧虎的宝地，你们就是叱咤风云的龙，就是声震四海的虎。

我之所以赠送给你们这本书，因为这是从几百位博大深远的心灵深处飞溅出来的几百朵浪花。这几百位教育工作者的心灵深处汇聚着智慧，浓缩着文采；这几百朵浪花荟萃着璀璨，聚集着晶莹。一个水滴可以折射出太阳的浩渺，一朵浪花可以蕴含大海的浩瀚。而这一则则小语的背后则是变幻无穷的教育大世界。这些教育小语出自几百人的笔端，更是成千上万教育工作者的心声。每则小语都是教育思想者、改革者、实践者智慧思考的结晶，每则小语富有哲理、耐人寻味、发人深省，给人以启迪，甚至会有经一则小语启迪而茅塞顿开的乐事，也会产生阅读一则小语而衍生出鸿篇巨制的奇迹。这些教育小语是作者深思熟虑的真知灼见，是作者切身体验的至深感悟，是作者殚精竭虑的思想火花。阅读这些小语给我们以智慧，引我们以深思，让我们去反思，促我们去改变。这些小语是一朵朵小小的浪花，但千千万万的小浪花形成了巨大的浪涛，而巨大的浪涛就会激起人们心灵的风暴。这风暴给我们以排山倒海的力量，给我们以豪气万丈的激情，给我们以改天换地的气魄，给我们以经天纬地的技巧。教育精妙小语这个系列帖子引起了众多教育媒体的关注，《现代教育报》《教师博览》《天津教育报》等教育报刊都开辟了专栏，连续刊载，吸引了广大读者。教育精妙小语这个系列帖子得到几十家教育网站的青睐，他们纷纷予以转载。

现在我把这本书赠送给你们，请你们聆听精粹小语，体味教育情结，反思教育行为，激发教育灵感，引发崭新思维，生发教育智慧，提升教育质量，提高写作水平。我希望朋友们从我编写的这本书里，不，从诸位才俊那里，不断地汲取营养，壮大自己，丰富自己，使自己练就出能够开花的笔触，练就出聪慧的头脑，敏捷的观察力，成长为名扬天下的教育精英、名闻遐迩的名班主任。

年轻朋友们，听，“新教育”的号角已经吹响，看，武侯实验中学已经在快马加鞭！我祝年轻的朋友们在新的一年里取得更辉煌的成绩，我祝年轻的武侯实验中学在“新教育”实验中龙腾虎跃，创造出令全国瞩目的辉煌成就。

你们的老朋友：张万祥

2007 年 1 月 16 日 17 日于天津

我是在教职工大会上为老师们朗读这封信的，当时老师们都被张老师这封信感动了。我说：“让我们用掌声向远方的张老师表达敬意！”

老师们的掌声响起了。大家长时间的鼓掌，如雷的掌声似乎要把天花板震塌。我对老师们说：“远在几千里之外的张老师一定能够听到我们的掌声！”

10年过去了，我已经卸任了校长职务，离开了成都市武侯实验中学。但回顾9年校长经历的时候，我情不自禁要感谢太多太多的人，但张万祥老师无疑是最应该感谢的人之一。

武侯实验中学当然还有这样或那样的不足，至今还没有达到我所期待的理想状态——实际上，这个理想的状态永远都在我们前方，但让我也让张万祥老师欣慰的是，武侯实验中学已经成为西部“新教育”实验的代表性学校，我们通过“新教育”实验所践行的平民教育，得到了社会各界的高度评价，也赢得了历届学生及其家长的口碑。特别让我开心的是，不是一个两个，而是一大批老师得以成长，他们不但成为有一定影响的名师，而且享受到了职业幸福。

其实张老师所关心的，远不只是武侯实验中学的老师。多年来，他一直帮助提携着全国各地的年轻老师。他不厌其烦地带徒弟，手把手地指导年轻老师，不厌其烦地解答着许多教育问题。坦率地说，在这一点上我是不如张老师的。朱永新老师曾经把张万祥老师称作“青春老人”，我想可能是因为他一直和年轻人在一起，因而有一颗永远年轻的心吧！

最近看到网上说，京津地区雾霾严重，我情不自禁地想到张万祥老师的身体。我记得他身体不是太好，这几天又怎样了呢？昨天我给他打了个电话，问：“张老师，您还好吗？”没想到电话里的张老师声音洪亮：“还好还好，就是这几天不敢出门，我好几天没出门了。”我问：“是身体的原因吗？”他说：“空气太差！”我说：“我记得您一到冬天就喘得厉害……”他说：“我这喘呀，不分冬天春天，反正一年四季都这样。”我说：“那这雾霾不就让您更难受了？”他说：“我反正不出门。这空气不光对我，对所有人都不好。”听张老师的声音，感觉他精神还不错，我放心了，对他说：“您一定要保重身体啊！”

张老师依然保持着上网的习惯。每天早晨一打开微信朋友圈，总能看到张老师的身影，看到他转发的一些教育感悟、人生哲理的文章。我有时候给他打招呼，但更多的时候只是默默读他的文章。只要看到“张万祥”三个字，就感到了一种亲切和温暖。

2016 年 12 月 23 日

/ 附录 2/

张万祥：一辈子只做班主任

《学校品牌管理》记者　盛海辉

他终生以班主任为主业，在班主任和德育工作中成就卓著。60 岁时他成为“网络明星”，开创“网上收徒”的先河，以个人之力，为青年教师奔走相助，在全国培养了一大批有重要影响的特级教师和中青年德育名家。如今已 76 岁高龄的他，依然还在将自己几十年的思考、经验毫无保留地传授给年轻班主任们。他就是全国知名德育特级教师、享受政府特殊津贴专家张万祥老师。目前，张万祥师徒已出版教育类专著 160 多本，在全国形成了广泛而深远的影响。

在最近举办的“全国首届张万祥师徒班主任工作艺术高峰论坛暨未来班集体建设研讨会”上，来自五湖四海的弟子们以各种不同的方式——赠送鲜花、锦旗、书法作品、诗歌等，表达着对张万祥老师的感恩和敬仰。

作为大会的媒体支持单位，本刊记者走近“青春老人”张万祥和他的徒弟们，感受浓浓的师徒情谊。

《学校品牌管理》杂志（以下简称“品”）：张老师，在很多场合您都表示一辈子只做班主任，您是怎么想的？

张万祥：我觉得班主任工作是一个广阔天地，无论天文地理，琴棋书画，什么才华都可以施展，也有很多问题值得研究。而且班主任工作也是一个功德无量的事情，一个孩子是一个家庭的希望，更是几代人的希望，关乎家庭稳定和幸福，这是不能用金钱来衡量的。

一辈子只做班主任，也是我们实现价值的一条佳径。不要把提拔为主任、校长作为自己进步的追求目标，我们也有很多班主任扬名天下，很多老师因教学为人熟知，所以我建议年轻的老师们安心做好班主任。

品：您对现在社会上的有偿家教怎么看？

张万祥：这是一种非常不好的风气。人不能没有物质，但一生只追求物质，就没有了价值和意义。我觉得，精神上的锤炼比物质追求更容易获得满足感，我的很多徒弟，他们淡泊名利，追求精神，追求生命的价值。生命的价值在哪里？在事业上，在著书立说中。

品：您当初是怎么想到要收徒弟的？

张万祥：那时我已经要退休了，我觉得应该做一件老班主任应该做的事，所以我做了一件说不上空前绝后，但也算是开天辟地的事——网上收徒。当时报名的有几百人，我们约定好时间，发出试卷，要求两个小时后交卷，后面又加了论文，通过三轮考核，第一批招了十几个徒弟。后来又陆续招了几批，到目前为止，已经有51人。

品：您对自己的徒弟是如何要求的？

张万祥：一是做好人，二是做好事。我希望我的徒弟人品好，文品好，有自己的专著，教学上有成果，这就是对我最好的回报。他们都是非常善良、孝顺的孩子，郑学志的父亲老年痴呆，他经常带着老父亲出去旅游，韩素静也经常为老人做事；郑立平是个全面发展的人才，十分慷慨，每年拿出一些费用给山区的老师买书，为他们义务讲课；张国东在天津偏僻山区的高中任教，省吃俭用，省下的钱用来买书，经常自费外出学习。看到他们成为名班主任、名班主任工作室主持人，我感到很欣慰。

品：这次盛会，与其说是圆您师徒的教育梦，不如说是您给自己的徒弟们搭建起共舞共美的舞台。

张万祥：这么集中的活动还是第一次，也酝酿了很久，总算圆了大家的梦，我们就像一个大家庭，天南海北地相聚在一起，互相支持，互相鼓励，“师不必贤于弟子，弟子不必不如师”，他们非常优秀，现在很多已经超过了我，可以说是他们的光辉在影响我。记得在我70岁生日时，他们很多人千里迢迢赶来为我祝寿，让我终生难忘。其实在很多方面，他们都给了我鼓励和鞭策。

品：您一直说人要常怀感恩之心，您最想感谢的人是谁？

张万祥：说到最要感谢的人应该是朱永新先生。他比我小

15岁，但在做人、做学问上永远是一座高峰。当年教育部资助特级教师出书，天津也推出了6名特级教师准备出版著作，但因为我的书稿理论色彩不强，所以最后没选上，朱永新先生知道后帮助我出版了，那是我的第一本专著，后来印了10多次。

品：这么多年您一路走下来，您觉得什么最重要？

张万祥：坚持，我起步很晚，没有什么特长，但有坚持的精神，即使是毕业后分配到偏僻穷困的农村，我都坚持读书，无论条件多么恶劣，我都坚持下来了。我的字写得不好，为了投稿时给编辑们留下好印象，我买了蘸水笔尖，写秃了再换一个，已经用坏了上百个，最后我用50个笔拼成了“追求”两个字。我有70多本笔记，这些都是我宝贵的财富。正因为坚持积累，我才能在退休后写了这么多书。

品：您对新一代的班主任有什么建议？

张万祥：千万不要委屈自己，很多老师才华出众，但为了评职称去买版面发表论文，这样不好。我觉得要清醒地认识自我，事业、学习没有止境，希望年轻的老师们坚持读书，坚持积累，坚持写作，让自己的生命更好地成长、更辉煌地成长。

众徒念师恩

真正的班级管理不是忙碌地去应付没完没了的事务，而是自己主动地去谋划、调整、经营；不是被动地去处理各种各样的矛盾和问题，而是自得其乐地去实验、创新、享受；不是挖空心思地去找什么招数和技巧，而是和学生一起打造精彩的班级生活；不是急功近利地去追求分数和名次，而是和学生一起建构并享受日渐完满而深刻的幸福人生。

回忆过往，在我小有成绩但遭人嫉妒诬陷时，曾一度陷入迷茫与无助，是师父给了我精神上的巨大洗涤、心灵上的巨大安慰，引领我走出困境，坚定了自己追求卓越的专业发展之路。

——郑立平，特级教师，全国十佳班主任、齐鲁名师、山东省十大创新班主任，教育部班主任国培专家、北师大特级教师培训项目首席专家，创新教育研究院班主任专业发展研究所所长

班主任工作中的奉献不是牺牲，而是创造，可以满足我们的价值感。

师父给予我的最大帮助，除了关心、支持、温暖，更有楷模、标杆。他用父亲般的宽厚和责任，给我鼓励和督促，让早年失去父亲的我有了安全感。从此，我相信师生之间真的可以有亲情。从此，我对待学生，也如斯尽心尽力，投之以桃，本不求回报，最终却收获满满。感谢恩师，让我活得如此富足……

——李迪，著名班主任培训专家、实战派班主任，河南省首届最美教师，新时期优秀班主任代表人物，全国青年班主任领军人物

班主任是实现教师专业成长的最佳途径，被青春染绿的日子不仅让心理年龄变得年轻，还能收获与学生共同成长的快乐。

师父要主编《这样做，教师更幸福》《幸福教师的60个“不”》这两本书，接到通知后，我立刻构思，拟定提纲，继而写作。经过他的精心修改，我有三篇文章被这两本书收录。为鼓励我积极投稿，他让我认真研读一些报纸杂志的特点后再尝试投稿。从2010年4月起，我开始坚持向一些教育报刊投稿，也相继得以发表。

——张国东，天津市优秀班主任，天津市中小学“学科领航教师培养工程”学员，曾参与编写《班主任其实好当》等26部书，出版专著《教育幸福，可以这样追求》

班主任要有追本溯源的意识，要站在学生的角度思考问题。

师父给我最大的帮助是人格方面的熏陶。2009年，我贸然写信，请他给拙著写序。想不到，他爽快地答应了。那年五一，我决定去拜访张老师以表达谢意，但被他拒绝了。张老师说，三天假期，孩子要陪他外出旅游。后来，我才知道他在那段时间住院，还做了两次手术。可是，张老师出院没两天，我就收到了他发来的近三千字的序！看着那篇序，我心里只有一句话：今后的路上，我该怎么努力才能对得起张老师的关注和呵护？

——韩素静，河南省濮阳市油田教育中心教研员，河南省名师，河南省教师教育专家，濮阳市政府特殊津贴专家，曾荣获“河南省最具成长力教师”“河南省最具影响力教师”等荣誉称号

班主任应是学生的心灵导航师，在学生臻于完美的过程中，走进心灵，柔软触摸，给予方向，唤醒感悟，引领幸福成

长，让成长成为一种载歌载舞的享受。

张老师的为人处世和教育情怀，都是我一生追求的目标。他在身体欠佳的情况下，为我的第一部著作写了热情洋溢的序言——《教育，是走进心灵的艺术》，这篇序言也定位了我的钻研方向和教育风格。2013年9月10日，在那个极具纪念意义的日子里，张老师收我为徒。在师父的督促和指导下，我完成了多部著作，成为了浙江省德育特级教师、全国优秀教师。可以说，我的成长离不开他的引领。他是我生命中的贵人，永远的导师！

——林志超，浙江省特级教师，全国优秀教师、浙江省“春蚕奖”获得者，班主任国培专家

班主任，一个神圣的岗位，没有能力干不了，没有勤奋干不成，没有责任干不大，没有优秀人格干不长。一名优秀的班主任对学生情要真、对教育情要长、对事业情要深。

师父说，每一名班主任都应是梦想家，要勇于著书立说，不但要立德、立教，还要立言。他赋予班主任事业以生命的温度、人生的厚度、教育的高度。怀着这样的低调与谦虚，这样的骄傲与沉潜，一次次带给我们惊喜，更带给我们期待。我的《课堂教学心主张》一书经师父的热情引荐，得以在华东师范大学出版社顺利出版。我写的文章先后入选了师父的15部德育著作。师父对于我的意义，在于给了我一个奋斗的渴望！

——董彦旭，天津市实验中学滨海学校副校长，天津市未来教育家奠基工程学员，天津师大硕士生导师、天津市教科院“校长工程培训班”指导教师，教育部国培项目培训专家

班主任是一项永远都充满挑战的工作。一直在路上，一直在学习，一直在研究，应是班主任该有的生活常态。

拜张老师为师时，我已在教育教学专著出版上取得了一定成绩，但亟须一位人生的智者来指引我走出迷途。师父就在这个层面上，给予了我巨大的精神引领。他以过来人的生存智慧、繁华看尽后的淡薄、永远善良的做人态度、一心成就他人的教育情怀，给我以巨大的启迪，让我明白自己究竟想要什么样的生活。我现在什么都可以放下，唯独不能放下对教育的研究和尝试，这是张老师对我的影响。做一个像他一样仁爱的人，做一个像他一样助人成长的人，就是我今后的方向。

——郑学志，湖南省教师教育学会班主任专业委员会副理事长，湖南省初中班主任名师工作坊优秀主持人，湖南省国培执行专家、湖南省国培项目初中班主任首席专家

（发表于《学校品牌管理》2018 年第 12 期）

图书在版编目（CIP）数据

一辈子只做班主任 / 张万祥著 . —上海：华东师范大学出版社，2019
ISBN 978－7－5675－9314－5

Ⅰ. ①一… Ⅱ. ①张… Ⅲ. ①班主任工作—文集 Ⅳ. ① G451.6－53

中国版本图书馆 CIP 数据核字（2019）第 108429 号

大夏书系 · 全国中小学班主任培训用书

一辈子只做班主任

著　　者　张万祥
策划编辑　李永梅
审读编辑　任媛媛
封面设计　奇文云海 · 设计顾问

出版发行　华东师范大学出版社
社　　址　上海市中山北路 3663 号　邮编　200062
网　　址　www.ecnupress.com.cn
电　　话　021－60821666　行政传真　021－62572105
客服电话　021－62865537
邮购电话　021－62869887　地址　上海市中山北路 3663 号华东师范大学校内先锋路口
网　　店　http：//hdsdcbs.tmall.com

印 刷 者　北京季蜂印刷有限公司
开　　本　640×960　16 开
插　　页　1
印　　张　12
字　　数　130 千字
版　　次　2019 年 7 月第一版
印　　次　2020 年 5 月第二次
印　　数　6 101 - 9 100
书　　号　ISBN 978－7－5675－9314－5
定　　价　39.80 元

出 版 人　王　焰

（如发现本版图书有印订质量问题，请寄回本社市场部调换或电话 021-62865537 联系）